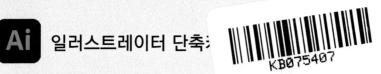

일러스트레이터 단축키

> 다 몰라도
> 이것만은 꼭!

필수 단축키

- ★ Ctrl + F 제자리 앞에 붙여넣기
- ★ Ctrl + B 제자리 뒤에 붙여넣기
- ★ Ctrl + G 오브젝트 그룹 짓기
- ★ Ctrl + 2 오브젝트 잠금
- ★ Ctrl + 3 오브젝트 숨기기
- ★ Ctrl + 7 클리핑 마스크 해제
- ★ Ctrl + Shift + O 글자 이미지화하기
- ★ ▶ + Alt + [오브젝트 드래그] 오브젝트 복사

편집 단축키

- ★ Ctrl + C 복사하기
- Ctrl + X 잘라내기
- Ctrl + V 붙여넣기
- ★ Ctrl + Z 실행 취소
- ★ Ctrl + Shift + Z 다시 실행
- ★ Ctrl + F 제자리 앞에 붙여넣기
- ★ Ctrl + B 제자리 뒤에 붙여넣기
- Ctrl + D 연속 복사

오브젝트 단축키

- Ctrl +] 오브젝트를 앞으로 이동
- Ctrl + Shift +] 오브젝트를 맨 앞으로 이동
- Ctrl + [오브젝트를 뒤로 이동
- Ctrl + Shift + [오브젝트를 맨 뒤로 이동
- ★ Ctrl + G 오브젝트 그룹 짓기
- Ctrl + Shift + G 오브젝트 그룹 해제
- ★ Ctrl + 2 오브젝트 잠금
- Ctrl + Alt + 2 모든 오브젝트 잠금 해제
- ★ Ctrl + 3 오브젝트 숨기기
- Ctrl + Alt + 3 오브젝트 숨기기 해제
- ★ Ctrl + 7 클리핑 마스크
- Ctrl + Alt + 7 클리핑 마스크 해제
- ★ ▶ + Alt + [오브젝트 드래그] 오브젝트 복사

글자 단축키

- Ctrl + → 커서를 글자 끝부분으로 이동
- Ctrl + ← 커서를 글자 첫 부분으로 이동
- Ctrl + Shift + J 정렬 초기화
- ★ Ctrl + Shift + O 글자 이미지화하기

선택 단축키

- Ctrl + A 전체 선택
- Ctrl + Shift + A 전체 선택 취소

보기 단축키

- ★ Ctrl + + 화면 확대
- ★ Ctrl + − 화면 축소
- Ctrl + 1 실제 크기로 보기
- Ctrl + 0 화면에 꽉 차게 보기
- Ctrl + R 눈금자 나타내기/숨기기
- Ctrl + ; 안내선 나타내기/숨기기
- Ctrl + Alt + ; 안내선 잠금/잠금 해제
- Ctrl + ' 그리드 나타내기/숨기기
- Ctrl + Y 아웃라인으로 보기

• 맥 사용자 Ctrl → command / Alt → option

오늘 바로 되는 입문서

된다! 일러스트레이터

대기업 & 방송사 디자이너가 엄선한 실무 예제 총망라!

배너 디자인부터 캐릭터 드로잉까지
기본부터 하나하나 실습하며 배운다!

캐릭터 소품	캐릭터 드로잉	유튜브 섬네일
달력	명함	텍스처
로고와 배너	캐리커처	패턴 디자인

대한민국 디자이너가 매일 쓰는 기능 총집합!

모나미, 김정아 지음

이지스 퍼블리싱

능력과 가치를 높이고 싶다면
된다! 시리즈를 만나 보세요.
당신이 성장하도록 돕겠습니다.

된다!
일러스트레이터
— 오늘 바로 되는 입문서
Gotcha! Illustrator for Beginner

초판 발행 • 2020년 11월 9일
초판 2쇄 • 2024년 5월 31일

지은이 • 모나미, 김정아
펴낸이 • 이지연
펴낸곳 • 이지스퍼블리싱(주)
출판사 등록번호 • 제313-2010-123호
주소 • 서울특별시 마포구 잔다리로 109 이지스빌딩 4층(우편번호 04003)
대표전화 • 02-325-1722 | **팩스** • 02-326-1723
홈페이지 • www.easyspub.co.kr | **페이스북** • www.facebook.com/easyspub
Do it! 스터디룸 카페 • cafe.naver.com/doitstudyroom | **이메일** • service@easyspub.co.kr

총괄 • 최윤미 | **기획 및 편집** • 임승빈, 최윤미 | **편집 도움** • 이수진 | **IT 1팀** • 임승빈, 이수경, 지수민
교정교열 • 안종군 | **표지 및 본문 디자인** • 정우영, 트인글터 | **인쇄** • 보광문화사
마케팅 • 이나리 | **독자지원** • 오경신 | **영업 및 강의자료 PPT 문의** • 이주동(nlrose@easyspub.co.kr)

• 잘못된 책은 구입한 서점에서 바꿔 드립니다.
• 이 책에 실린 모든 내용, 디자인, 이미지, 편집 구성의 저작권은 이지스퍼블리싱(주)와 지은이에게 있습니다.

• 이 책은 2018년 12월에 출간된 도서 《된다! 일러스트레이터CC》(2017)의 전면 개정판입니다.

ISBN 979-11-6303-190-1 13000
가격 18,000원

초보자를 위한 책!
"이제 일러스트레이터를 다룰 수 있어요."

초보자에게 매우 좋습니다. 기초부터 응용까지. 일러 책을 처음 접한 저에게도 일러가 친숙하게 느껴지도록 했어요.

- mi**a125 님

편집이나 디자인 실무에 필요한 툴 + 요령을 빠른 시간에 배우고 싶은 분들에게 정말 도움이 될 거예요.

- 쉐* 님

이 책을 통해 기초를 아는 것과 모르는 것은 천지 차이라는 것을 알게 되었어요. 그동안 허송세월 보낸게 안타까워요!

- km**oni 님

실제 따라 하기에 매우 좋았어요. 너무 많은 걸 가르치려고 하지 않아서 더 좋았어요.

- tj**ght2002 님

나도 일러스트레이터를 다룰 수 있겠다는 자신감을 준 책!

- ts**424 님

실습하기 편하고 군더더기가 없어서 시간 절약을 할 수 있는 쾌속 입문서네요!

- cho**32 님

디자이너가 정말 자주 사용하는 팁이 담겨 있어서 저절로 신뢰가 되었습니다.

- ma**n2 님

동영상 강의가 있어서 따라 배우기 편했습니다. 추천합니다!

- 조** 님

• 이 책의 개정 전 도서인 《된다! 일러스트레이터 CC》(2017) 독자들의 서평 중에서 발췌했습니다.

기획 방법부터 디자인, 드로잉, 제작, 판매까지!
실무 예제로 배워, 한 권으로 끝내는 일러스트레이터!

동료가 될 후배 디자이너를 생각하는 마음으로 만들었어요.
대기업 디자이너와 방송사 디자이너가 직접 엄선한 실무 예제로 쉽게 입문하세요!

일러스트레이터를 처음 배우는 분들을 만나면 '일러스트는 너무 어렵다'고 하소연합니다. 일러스트레이터가 어렵게 느껴지는 이유는 익숙하지 않은 기능 사용법과 생각을 많이 해야 하는 디자인 과정 때문입니다. 일러스트레이터의 기본 기능은 모든 책에서 다룹니다. 하지만 단순히 기능을 암기하고 배우기만 한다면, 막상 실무에서 한계에 부딪히는 일이 많을 거예요. 그래서 《된다! 일러스트레이터 — 오늘바로 되는 입문서》에서는 기능을 바로 이해할 수 있는 현실적인 예제로 실무에서도 활용할 수 있도록 구성했습니다. 또한 현직 디자이너의 다양한 꿀팁을 함께 배울 수 있습니다.
초보자부터 실무자까지 차근차근 배우며 디자인 기획부터 기능 활용까지 디자인 실력을 쌓을 수 있길 바라는 마음으로 만들었습니다.

카드 뉴스, 인포그래픽, 명함, 현수막, 달력...
대한민국 일러스트레이터 작업자가 가장 많이 쓰는 기능 위주로 쏙쏙 골라 배우세요!

이 책은 일러스트레이터로 작업하는 사람들이 가장 많이 사용하는 예제와 기능을 우선으로 담았습니다. SNS에서부터 캐릭터, 1인 창업을 위한 브랜드 디자인, 이모티콘 등 다양한 분야에서 사용하는 일러스트레이터 노하우를 담았습니다. 누군가에게 부탁할 시간에 일주일만 투자해 보세요. 이 책에서 제공한 일주일 진도표를 따라 공부해 보세요. 독학해도 일러스트레이터를 능숙하게 사용하는 자신을 발견하게 될 것입니다. 책뿐만 아니라 유튜브 강의와 이 책의 독자들이 같이 모여 함께 공부하는 스터디 카페까지 있으니까요!

체계 없이 막 배우면 디자인이 안 된다!
실습 예제를 만들다 보면 이론도 실무 활용도 저절로 감을 잡는다!

일러스트레이터에는 기능이 정말 많습니다. 하지만 이런 기능을 모두 사용하는 디자이너는 거의 없습니다. 현직 디자이너로 일하면서 '기능을 모르는 게 문제'라고 생각하는 후배들과 백과사전식 기능 습득에 급급한 취업 준비생에게 일러스트레이터의 진실을 알려 주고 싶은 마음에 이 책을 만들었습니다. 사실 일러스트레이터는 자주 쓰는 툴을 제대로 배우는 게 중요합니다. 이제 백과사전은 덮어 놓고 이 책으로 모든 디자인에서 통하는 기능을 배워 보세요! 그래서 어디에서도 볼 수 없는 숨어 있는 자신만의 디자인 감각을 일깨우세요!

단순 설명을 넘어 디자인 감각과 코치까지!
상상했던 것을 현실로 만들어 보세요!

이 책은 단순히 예제를 완성하고 끝나는 것이 아니라 디자인을 기획하는 방법부터 알려 줍니다. 예를 들어 브랜드가 잘 표현된 로고를 어떻게 만드는지, 디자인할 때 강조해야 할 점은 무엇인지 등 기획하는 디자이너가 되도록 이론부터 탄탄하게 알려 줍니다.
드로잉과 디자인을 구분하지 않고 무궁무진하게 활용할 수 있는 일러스트레이터로 나만의 브랜드를 만들고 다양한 분야로 도전할 수 있도록 디자이너의 꿀팁까지 넣었습니다. 뉴욕에서도, 삼성전자에서도, 어도비 본사와 방송사에서도 인정받은 디자인 감각과 코치를 이 책으로 얻어가세요!

공부 부담을 덜어드리는
유튜브 강의 33강 무료 제공!

책으로만 공부하는 게 불안한 분도 있지요? 내가 잘 따라가고 있는지 걱정도 될 거예요. 그래서 유튜브 동영상 강의를 준비했습니다. 이 책의 실습 시작 페이지에 있는 QR코드를 스캔하면 바로 유튜브 동영상 강의로 연결됩니다. 동영상 강의는 실습을 따라 할 때도 좋지만 복습할 때에도 매우 유용합니다. 동영상 강의를 잘 활용한다면 일러스트레이터 실력자가 될 거예요!

후배 디자이너분께 일러스트레이터에서 바로 사용할 수 있는 팁을 가르쳐드렸을 때 실무에 곧바로 응용하던 모습을 보면서 보람을 느꼈던 기억이 납니다. 이 책이 독자 여러분께 도움이 되기를 바랍니다. 하고 싶은 것을 만들면서 꿈을 이뤄갈 독자 여러분을 응원합니다!

모나미, 김정아 드림

동영상 강의 안내

실습을 시작하는 페이지에서 QR코드를 스마트폰으로 스캔해 보세요. 유튜브에 올라온 《된다! 일러스트레이터 — 오늘 바로 되는 입문서》의 강의를 바로 볼 수 있습니다.

준비마당

일러스트레이터, 이것만은 알고 가자!

첫째마당

디자인에 필요한 일러스트레이터 끝내기

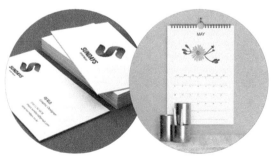

둘째 마당

내 생각대로 만든다 — 드로잉 끝내기

일러스트레이터 입문자를 위한 학습 진도표

독자들이 원활하게 학습할 수 있도록 7일 진도표와 14일 진도표를 제공합니다. 진도표를 따라 공부해 일러스트레이터를 배워 보세요! 기본이 탄탄해진 자신을 발견할 거예요!

7일 속성 코스

날짜	학습 목표	범위	쪽수
1일차 ___월___일	• 일러스트레이터 기본 이해하기 • 레이어와 오브젝트, 패스 배우기	디자인 편 1, 2일차	34 ~ 76쪽
2일차 ___월___일	• 도형 그리기로 오브젝트 그리기 • 유튜브 섬네일 만들기	디자인 편 3, 4일차	77 ~ 112쪽
3일차 ___월___일	• 라벨 만들기와 카드 뉴스 만들기 • 로고 색상 바꾸며 명함 만들기	디자인 편 5, 6일차	113 ~ 148쪽
4일차 ___월___일	• 달력과 포스터 만들기 • 캐릭터 쉽게 수정하기	디자인 편 7일차 드로잉 편 1일차	149 ~ 194쪽
5일차 ___월___일	• 로고 만들어 배너로 활용하기 • 손그림을 디지털 드로잉으로 만들기	드로잉 편 2, 3일차	195 ~ 234쪽
6일차 ___월___일	• 패턴 그리기 • 캘리그래피로 현수막 만들기	드로잉 편 4, 5일차	235 ~ 270쪽
7일차 ___월___일	• 텍스처 편집하기 • 캐리커처 그리기	드로잉 편 6, 7일차	271 ~ 317쪽

14일 정석 코스

1일차 ___월___일 34 ~ 56쪽	2일차 ___월___일 57 ~ 76쪽	3일차 ___월___일 77 ~ 97쪽	4일차 ___월___일 98 ~ 112쪽
5일차 ___월___일 113 ~ 133쪽	6일차 ___월___일 134 ~ 148쪽	7일차 ___월___일 149 ~ 171쪽	8일차 ___월___일 174 ~ 194쪽
9일차 ___월___일 195 ~ 216쪽	10일차 ___월___일 217 ~ 234쪽	11일차 ___월___일 235 ~ 250쪽	12일차 ___월___일 251 ~ 270쪽
13일차 ___월___일 271 ~ 290쪽	14일차 ___월___일 291 ~ 317쪽		

실습 파일 안내

실습 파일은 이지스퍼블리싱 홈페이지(www.easyspub.co.kr)의 자료실에서 내려받을 수 있습니다. 낮은 버전의 사용자를 위해 이전 버전 예제 파일도 함께 제공합니다.

실습 파일 링크 bit.ly/easys_ai_file

회원 가입하면 매달 소식지로 이달의 전자책을 무료로 받을 수 있습니다.

혼자 공부하기 어렵다면 모여라! Do it! 스터디룸!

혼자 공부하다 보면 질문이 생기곤 합니다. 하지만 질문을 해소할 곳이 없어 답답했던 경우 있으셨죠? 그럼 함께 공부하는 지적인 독자들을 만나 보세요! 네이버 카페 'Do it! 스터디룸'(cafe.naver.com/doitstudyroom)에 가입하면 책 완독 시 다른 책 1권을 선물로 드리는 'Do it! 공부단'에 참여할 수 있습니다.

책을 재미있게 읽었다면 의견을 남겨 주세요!

이지스 퍼블리싱은 여러분과 함께합니다.

이 책을 위한 독자 설문
QR코드를 스캔하여 여러분의 의견을 남겨 주세요.
이 책의 정보뿐만 아니라 추첨을 하여 당첨되신 분께 선물도 드립니다.

일러두기

- 이 책은 일러스트레이터 최신 버전(CC 2020)을 기준으로 만들었습니다.
- 컴퓨터 운영체제는 윈도우를 기준으로 했습니다. 그러나 맥OS 사용자도 다음만 참고하면 충분히 따라할 수 있습니다.
  ※ **맥 사용자**라면 Ctrl 대신 command 를, Alt 대신 option 을 사용하세요.

준비마당

준비
마
당

일러스트레이터, 이것만은 알고 가자!

준비마당

일러스트레이터,
이것만은 알고 가자!

일러스트레이터로 뭘 할 수 있지?

일러스트레이터가 뭐죠?

일러스트레이터(Illustrator)는 어도비(Adobe)의 대표적인 그래픽 프로그램입니다. 창의적인 아이디어만 있다면 종이 위에 자유롭게 스케치한 후 일러스트레이터에서 디지털 그래픽으로 만들 수 있죠. 일러스트레이터로 만든 이미지는 회사나 가게의 로고, 상품의 포장 디자인, 귀여운 캐릭터 등 일상생활에서 쉽게 발견할 수 있습니다.

디지털 그래픽을 포토샵으로도 만들 수 있지만, 크기를 무한대로 키우거나 인쇄할 때 이미지가 깨지지 않도록 하려면 일러스트레이터로 작업하는 게 좋습니다.

말리카 파브르의 일러스트(malikafavre.com)

💧 일러스트레이터 파일 이름의 끝에는 .ai라는 확장자가 붙습니다. 이는 Adobe Illustrator의 머리글자를 딴 것이지요.
💧 아무리 확대해도 깨지지 않는 이미지를 '벡터(vector)'라고 합니다. 벡터 이미지는 21쪽에서 자세히 설명합니다.

헷갈리는 단어, 일러스트레이터와 일러스트

'일러스트레이터', '일러스트'라는 말은 한 번쯤 들어봤을 겁니다. 하지만 제대로 이해하지 않으면 정확히 무엇을 가리키는지 아리송합니다. 일러스트레이터와 일러스트가 무엇인지 살펴보겠습니다.

일러스트레이터(프로그램)	어도비의 그래픽 프로그램 이름
일러스트레이터(작가)	애니메이션, 캐릭터, 광고, 멀티미디어 등의 분야에서 그림을 제작하는 직업
일러스트(그림, 작품)	일러스트레이터가 그린 작품으로, '일러스트레이션' 이라고도 함.

구체적인 사례를 살펴보면서 일러스트레이터를 어디에서, 어떻게 사용하는지 알아보겠습니다.

CI, BI 디자인

기업 이미지(CI: corporate identity)나 브랜드 디자인(BI: brand identity) 역시 일러스트레이터로 작업합니다. 크기가 작은 로고나 명함뿐 아니라 큰 홍보용 플랜카드와 건물 간판 등을 작업하려면 반드시 벡터 이미지로 만들어야 합니다.

구글 로고(google.com)

코카콜라 로고(coca-cola.com)

장지성 디자이너의 브랜드 디자인

캐릭터 디자인

캐릭터 디자인은 손으로 직접 그리기도 하지만, 표정과 동작을 다양하게 바꿔 작업하려면 일러스트레이터를 사용하는 것이 좋습니다. 특히 일러스트레이터는 팬시 캐릭터 디자인에 많이 사용합니다.

저자의 캐릭터 디자인

구데타마 캐릭터(sanrio.com)

도라에몽 캐릭터(doraemon-world.com)

💧 2D 캐릭터는 일러스트레이터, 3D 캐릭터는 마야, 3ds Max 등으로 만듭니다.

타이포그래피

글자를 다루는 타이포그래피(typography) 디자인에서도 일러스트레이터를 사용합니다. 글자를 확대하거나 축소할 때 깨지지 않을 뿐 아니라 형태를 자유자재로 다듬어 완성할 수 있기 때문입니다. 손으로 그린 문자를 활용한 캘리그래피(calligraphy) 디자인 역시 벡터 이미지로 작업하면 크기를 확대하거나 축소해도 글자 모양이 그대로 유지되므로 훨씬 편리합니다.

루이스 필리의 작품(louisefili.com)

밀튼 글레이저의 작품(miltonglaser.com)

임예진 작가의 캘리그래피

패키지 디자인

패키지는 제품이 깨지거나 상하지 않도록 보호해 주는 역할뿐 아니라 소비자가 구매하고 싶은 마음이 들도록 해 주는 역할도 합니다. 패키지 구조는 일러스트레이터를 사용해 만들 수 있는데, 제품의 특성과 포장의 재질에 따라 다양한 형태로 디자인합니다. 일러스트레이터로 만든 패키지 디자인은 벡터 이미지이므로 제품의 크기가 바뀌거나 종류가 다양한 제품에도 똑같은 디자인을 적용할 수 있습니다.

마스트 브라더스 초콜릿의 패키지 디자인(mastbrothers.com)

괴르츠 신발의 패키지 디자인(goertz.de)

상동의 패키지 디자인
(chandon.com)

그 밖의 다양한 디자인

일러스트레이터는 인포그래픽, 패턴, 웹과 앱 디자인에도 널리 쓰이며 모션 그래픽에서도 포토샵 같은 다른 그래픽 프로그램과 결합해 쓸 수도 있습니다.

이혜강 디자이너의 인포그래픽(leehyekang.com)

박현진 디자이너의 모션그래픽(cargocollective.com/hj)

포스터를 디자인할 때 일러스트레이터를 사용하면 디자인을 깔끔하게 표현하거나 주제를 명확히 나타내는 데 효과적입니다.

밀튼 글레이저의 작품(miltonglaser.com)

노마 바의 작품(nomabar.com)

저자의 영화 포스터 디자인(behance.net/
namimodesign)

둘

포토샵 말고 일러스트레이터로
작업하는 이유

디자이너는 다양한 프로그램을 자유자재로 활용할 수 있어야 합니다. 그렇다면 일러스트레이터는 어떤 작업을 할 때 사용하는 것이 좋을까요? 붓질을 하기 전에 붓의 특성을 파악해야 하듯이 일러스트레이터 프로그램의 특성을 파악해 나만의 도구로 만들어 봅시다.

포토샵과 일러스트레이터, 어떤 걸 써야 하나요?

컴퓨터로 그림을 그릴 때 포토샵과 일러스트레이터 중 어떤 프로그램이 알맞을까요? 답은 어떤 결과물을 만드느냐에 달려 있습니다. 각 프로그램별 특징을 살펴보겠습니다.

Ai 일러스트레이터	아트보드에 일러스트나 로고, 캐릭터 등을 그릴 수 있습니다. 확대해도 깨지지 않는 이미지를 만들 때 사용합니다.
Ps 포토샵	사진과 같이 다양한 색상으로 이뤄진 이미지를 수정·합성할 때 많이 사용합니다. 단, 이미지를 확대하면 이미지가 깨집니다.
Ai Ps 일러스트레이터 + 포토샵	두 프로그램은 호환되므로 한 프로그램에서 작업한 후 다른 프로그램에서 이어 작업할 수 있습니다. 포토샵에서 작업한 파일을 일러스트레이터로 불러들이거나 그 반대로 불러올 수도 있습니다. 이렇게 두 프로그램의 장점을 살리면 작품을 좀 더 쉽고 효율적으로 만들 수 있습니다.

💧 전문 디자이너는 포토샵과 일러스트레이터를 넘나들면서 작업합니다. 초보자라면 조급해하지 말고 일러스트레이터부터 배워 보세요!

레스터 이미지와 벡터 이미지의 차이

포토샵과 일러스트레이터의 가장 큰 차이점은 완성한 이미지를 확대했을 때 깨지느냐 여부에 달려 있습니다. 이런 차이가 발생하는 이유는 이미지를 만드는 방법이 다르기 때문입니다. 다시 말해 포토샵은 래스터(raster) 이미지를 만드는 반면, 일러스트레이터는 아무리 확대해도 깨지지 않는 벡터(vector) 이미지를 만듭니다. 두 이미지 형식의 차이를 알아볼까요?

래스터 이미지

포토샵(Photoshop)으로 만드는 래스터 이미지는 픽셀(pixel)이라는 개별 색상의 정사각형으로 이뤄져 있습니다. 따라서 다음 예시와 같이 래스터 이미지를 100% 크기로 인쇄하지 않거나 이미지 크기를 임의로 변경하면 이미지가 깨집니다.

💧 '픽셀'이라는 색의 화소가 격자로 배열된 방식을 '비트맵(bitmap)'이라고 합니다. 비트맵 방식은 래스터 방식의 한 종류라고 생각하면 됩니다.

100% 크기의 래스터 이미지

래스터 이미지를 확대한 경우

벡터 이미지

벡터 이미지를 만드는 대표 프로그램은 이 책에서 배울 일러스트레이터입니다. 일러스트레이터로 만든 벡터 이미지는 포토샵의 픽셀과 달리, 점과 점 사이를 잇는 선의 좌푯값이 수학 구조로 정의돼 있습니다. 따라서 일러스트레이터로 만든 벡터 이미지는 크기를 축소하거나 확대해도 품질이 훼손되거나 이미지가 깨지지 않으므로 선명도를 유지할 수 있습니다. 이렇듯 벡터 이미지는 이미지 해상도의 영향을 받지 않으므로 인쇄용, 웹용 등에 다양하게 사용할 수 있습니다.

100% 크기의 벡터 이미지

벡터 이미지를 2,000% 크기로 확대한 경우

버전 걱정 없는
일러스트레이터 설치하기

일러스트레이터를 최신 버전인 크리에이티브 클라우드(CC)로 설치해 보겠습니다. 어도비 사의 웹사이트에 접속하면 무료 체험판을 설치해서 7일 동안 사용할 수 있습니다. 단, 이 과정에서 카드 결제 정보를 입력해야 하는데, 무료 체험 기간 7일이 지나면 바로 유료 결제로 전환되므로 주의하세요.

💧 이 책은 CC 2020 영문 버전을 기준으로 설명합니다. 이미 프로그램을 설치한 사람은 26쪽으로 넘어가세요.

하면 된다!〉

일러스트레이터
버전 설치하기
— 7일 무료 체험 버전

01 어도비 사의 웹사이트(https://www.adobe.com/kr)에서 [크리에이티비티 및 디자인 → Creative Cloud 소개]를 선택하고 [무료 체험판]을 클릭합니다.

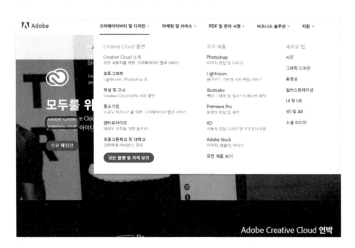

💧 어도비 크리에이티브 클라우드란, 어도비 프로그램을 다운로드해 사용할 수 있는 클라우드 공간을 말합니다. 장소와 컴퓨터의 제약을 넘어, 어떤 컴퓨터에서든 로그인만 하면 자신이 결제한 어도비 프로그램을 바로 사용할 수 있습니다.

02 팝업 창에서 [무료 체험판]을 클릭합니다.

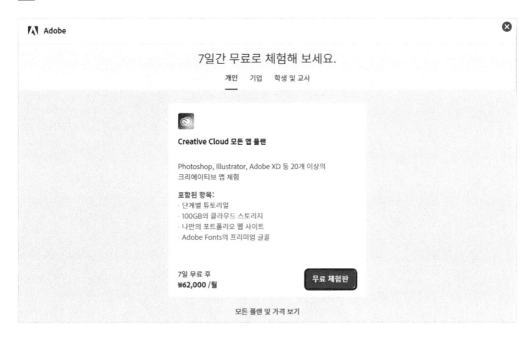

03 이메일 주소를 입력하고 필수 동의 항목에 체크한 후 [계속]을 클릭합니다. 크리에이티브 클라우드에 로그인하고 [계속]을 클릭합니다.

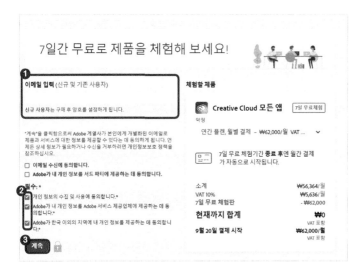

04 무료 체험판을 사용하더라도 먼저 신용카드나 체크카드 등의 결제 정보를 입력해야 합니다. 카드 정보를 입력하고 [무료 체험기간 시작]을 클릭합니다.

05 다음 화면에서 [시작하기]를 클릭합니다. 일러스트레이터의 [다운로드]를 클릭한 후 화면 아래쪽의 크리에이티브 클라우드 설치 파일을 실행합니다.

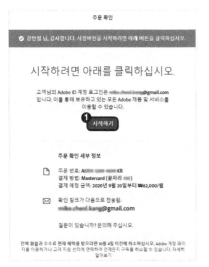

06 설치 프로그램에서 로그인하고 [설치 시작]을 클릭합니다.

💧 2단계 인증을 요구하는 경우 일단 [나중에]를 클릭해 넘어가세요.

07 크리에이티브 클라우드가 설치되면 먼저 우측 상단의 [계정]을 클릭한 후 [환경 설정 → 앱]으로 들어가 기본 설치 언어를 [English(International)]로 선택하고 [완료]를 누릅니다. 만약 일러스트레이터가 한글판으로 설치되었다면, 제거 후 다시 설치합니다.

기능 사전 무료 체험판 기간이 끝나면, 플랜 취소를 꼭 하세요!

7일 무료 체험판 기간이 끝나면 자동으로 유료 결제가 됩니다. 유료 결제를 막으려면 결제가 되기 전에 유료 플랜을 취소해야 합니다. 크리에이티브 클라우드에서 [Adobe 계정 → 플랜 관리 → 플랜 취소]를 눌러 유료 플랜을 취소하세요.

넷

일러스트레이터 화면
적응하기

일러스트레이터를 설치했으므로 직접 실행해 화면을 살펴보겠습니다. 작업 환경의 이름을 모두 외울 필요는 없습니다. **메뉴 바**, **[툴] 패널**, **아트보드**, **[속성] 패널**의 위치와 기능만 알아 두고 나머지 메뉴는 실습하면서 차차 익히면 됩니다.

하면 된다! ⌐

기본 화면
구경하기

01 새 파일 만들기

일러스트레이터를 실행해 새 파일을 만들어 보겠습니다. 일러스트레이터를 실행한 후 [File → New]([Ctrl] + [N])를 선택하세요.

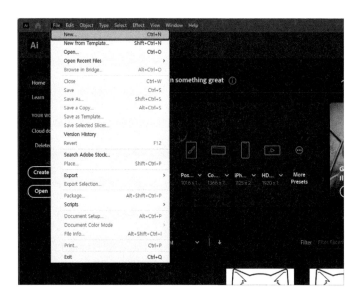

02 다음과 같은 화면이 나타납니다. 처음에는 구체적인 항목을 몰라도 원하는 결과물에 따라 위쪽의 [Mobile], [Web], [Print] 중에서 선택해 기본 설정으로 사용해도 됩니다. 여기서는 최종 결과물로 인쇄할 수 있도록 설정하겠습니다. [Print]를 선택한 후 [Create]를 클릭합니다. 나머지 설정은 눈으로만 확인하고 다음으로 넘어가세요.

❶ Name: 파일 이름을 입력합니다.

❷ Width/Height: 작업 영역인 아트보드의 가로 (Width)와 세로(Height) 크기를 입력합니다.

❸ Unites: 아트보드에서 사용할 단위를 설정합니다.

❹ Orientation: 아트보드의 방향을 지정합니다.

❺ Artboards: 아트보드의 개수를 설정합니다.

❻ Bleed: 아트보드의 여백을 설정합니다.

❼ Color Mode: 색상 모드를 인쇄용인 [CMYK], 웹용인 [RGB] 중에서 선택합니다.

❽ Blank Document Presets: 규격 크기를 선택합니다.

❾ 최근 사용한 아트보드 설정은 [Recent], 저장한 설정은 [Saved], 모바일용은 [Mobile], 웹용은 [Web], 인쇄용은 [Print], 영상은 [Film & Video], 아트와 일러스트레이션은 [Art & Illustration]을 선택합니다.

03 작업 환경 살펴보기

도화지와 같이 빈 화면의 **아트보드**가 만들어졌습니다. 탭 부분에서 파일 이름과 색상 모드를 볼 수 있습니다. 다음 설명을 참고해 메뉴 바, [툴] 패널, 아트보드, [속성] 패널을 살펴보세요.

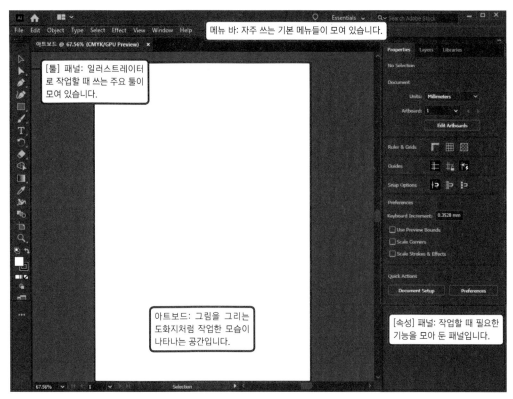

🔴 아트보드에 대해서는 01-2절에서 자세히 배웁니다.

궁금한 기능은 모두 패널에 있다

실제로 일러스트레이터를 사용할 때는 작업 환경 왼쪽의 [툴] 패널과 오른쪽의 [속성] 패널을 주로 사용합니다. 작업할 때 필요한 기능이 대부분 이곳에 모여 있기 때문이죠.

쉽게 말해 [툴] 패널은 책상 위에 있어서 바로 쓸 수 있는 도구 상자이고 [속성] 패널은 서랍과 같이 패널을 열어야만 쓸 수 있는 도구 상자입니다. 물론 자주 쓰는 서랍은 열어 둘 수도 있죠! 패널은 일러스트레이터를 다루는 내내 수없이 열고 닫아야 합니다. 그런데 자주 쓰는 패널이 나와 있지 않다면 매번 패널을 열어야 하므로 비효율적이겠죠? 앞에서 새 파일을 열었으므로 이 상태에서 패널에 익숙해지는 연습을 해 보겠습니다.

하면 된다!〉
패널 구경하기

01 패널 목록 열어 패널 꺼내기

화면 상단의 메뉴 바에서 [Window]를 클릭하면 패널 목록이
나타납니다. 패널 목록 중 [Color]를 클릭하면 화면 오른쪽에
[Color] 패널이 나타납니다.

02 패널 숨기기

다시 [Window → Color]를 클릭해 체크 표시를 해제하면
화면에서 [Color] 패널이 사라집니다. 패널 오른쪽 위의
█를 눌러도 패널을 닫을 수 있습니다.

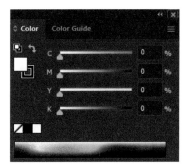

03 패널 축소하기

[Window → Color]를 클릭해 [Color] 패널을 불러옵니다. █를 클릭한 후 [Hide Options]를
누르면 패널이 축소됩니다.

04 패널 확장하기

▤를 클릭한 후 [Show Options]를 누르면 패널이 확장되면서 CMYK 색감을 좀 더 세밀하게
설정할 수 있습니다.

05 패널을 아이콘으로 변경하기

패널을 축소 아이콘으로 바꿔 보겠습니다. ◀◀을 클릭하면 패널이 아이콘으로 변경되고, ▶▶을
클릭하면 패널이 확장됩니다. 화면이 작거나 복잡해 숨겨 두고 싶을 때 축소 아이콘으로 바꾸
면 편리합니다.

기능 사전

자신에게 맞는 작업 환경인 Workspace를 사용해 보세요!

[Window → Workspace]에서 용도에 따라 최적화된 작업 환경을 설정할 수 있습니다. 선
택지에 따라 패널의 위치와 배열을 바꿀 수 있어요. 특별한 경우가 아니라면 [Essentials]
로 설정해서 쓰면 됩니다.

기능 사전

화면의 밝기를 조절하고 싶어요

환경 설정에서 일러스트레이터 화면의 밝기를 조절할 수 있습니다. [Edit → Preferences → General]을 선택해 [환경 설정] 창을 연 후 [Use Interface]를 선택합니다. [Brightness] 에서 화면을 어둡게 또는 밝게 변경할 수 있습니다. ● 단축키 Ctrl + K 를 입력해도 됩니다.

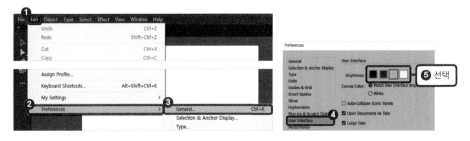

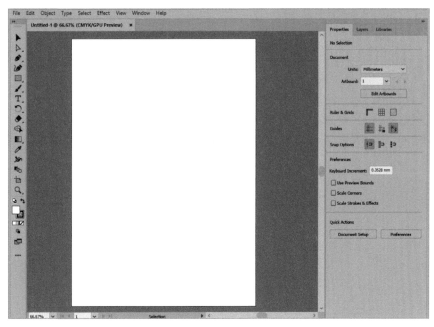

#달력 만들기

#명함 만들기

첫째마당 · 디자인 편

디자인에 필요한 일러스트레이터 끝내기!

1일차

일러스트레이터의
기본 이해하기

01-1

일단 시작!
파일 열고 닫고 저장하기

준비 파일 1일_01_실습.ai

일러스트레이터를 설치한 후 작업하기 편하게 설정했다면 이제 본격적으로 시작할 차례입니다. 하루에 하나씩 꾸준히 따라 해 보세요. 여러분이 일러스트레이터로 만들고 싶은 멋진 작품을 완성할 수 있을 거예요.

하면 된다!〉

새 파일 만들기 &
파일 열고 닫고
저장하기

영상 보기

작업 과정을 유튜브
영상으로 살펴보세요!

01 새 파일 만들기

일러스트레이터를 실행하세요. 만약 이미 실행 중이라면 [File → New](Ctrl + N)를 선택합니다.

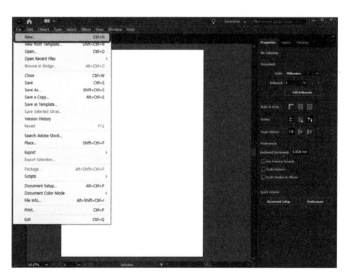

02 아트보드 생성하기

[New Document] 창이 나타나면 먼저 [Print]를 선택하고 아트보드의 크기는 [A4]로 설정합니다. 파일 이름은 '아트보드'라고 입력합니다. 마지막으로 색상 모드가 'CMYK Color'로 되어 있는지 확인한 후 [Create]를 클릭합니다.

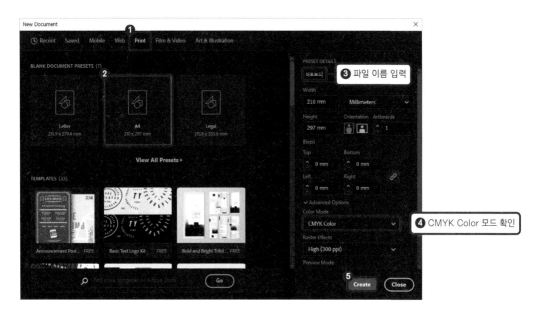

기능 사전

단위를 바꾸고 싶어요!

새 아트보드를 생성할 때 단위를 설정하지만, 작업을 하던 도중에도 단위를 바꿀 수 있습니다. [Edit → Preferences → Unites]를 선택하면 나타나는 팝업 창의 [General] 항목에서 원하는 단위를 선택하면 됩니다. 단위에는 열 가지가 있는데, 그중 가장 자주 사용하는 단위는 'px(Pixels)'와 'mm(Millimeters)'입니다. 눈금자, [도형 툴], [선 툴 ◪]을 사용할 때 자주 사용하므로 기억해 두세요.

03 아트보드가 만들어졌습니다. 탭 부분에서 파일 이름과 색상 모드를 볼 수 있습니다.

04 아트보드 저장하기

아트보드를 저장해 보겠습니다. [File → Save]([Ctrl] + [S])를 선택합니다. 팝업 창에서 저장할 파일 위치를 설정합니다. 앞서 입력한 파일 이름인 '아트보드'가 나타나고 파일 형식은 일러스트레이터 형식인 ai 파일로 나타납니다. [저장]을 눌러 [Illustrator Option] 창이 나타나면 버전을 확인한 후 [OK]를 클릭합니다.

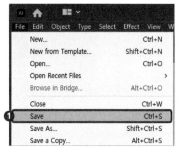

현재 작업 중인 PC에 저장할지, 클라우드에 저장할지를 선택하는 창이 나타나면 [Save on your computer]를 선택하세요.

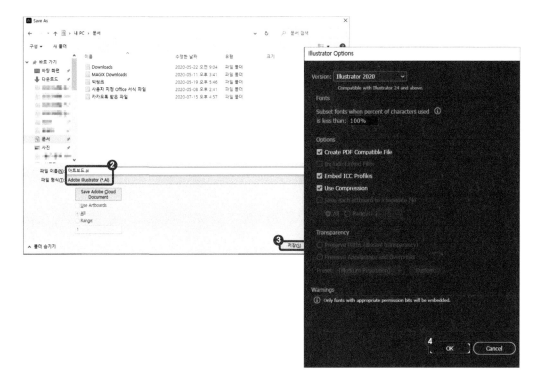

일러스트레이터 파일을 저장할 때에는 다른 시스템에서 파일을 열 경우를 고려해야 합니다. 같은 버전의 Illustrator CC라면 문제가 안 되겠지만, 하위 버전에서 열면 오류가 발생하기 때문입니다. 따라서 인쇄소에 파일을 보내거나 외부 시스템에서 작업할 때 그 시스템에 설치된 일러스트레이터 버전을 확인한 후 그 버전보다 낮은 버전으로 저장하는 것이 안전합니다.

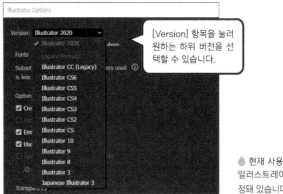

[Version] 항목을 눌러 원하는 하위 버전을 선택할 수 있습니다.

🖐 현재 사용 중인 PC에 설치돼 있는 일러스트레이터 버전이 기본으로 설정돼 있습니다.

05 파일 열기

이번에는 준비된 파일을 열어 보겠습니다. [File → Open](Ctrl + O)을 선택해 [Open] 창이 나타나면 '1일_01_실습.ai'를 선택한 후 [Open]을 클릭합니다.

06 파일 닫기

파일을 닫아 보겠습니다. [파일] 탭의 오른쪽 끝에 있는 ⊠를 클릭합니다.

다른 형식으로 파일 저장하기

상황에 따라 AI 파일이 아닌 다른 형식으로 저장해야 할 때가 있습니다. 문서용으로 만들 때는 'PDF', 사진 형식으로 만들 때는 'JPEG', 모바일용, 웹용으로 만들 때는 'PNG'로 저장합니다.

PDF 파일로 저장하기

이번에는 AI 파일이 아닌 PDF 파일로 저장해 보겠습니다. [File → Save As]를 클릭합니다. 파일 형식에서 [Adobe PDF(*.PDF)]를 선택한 후 [저장]을 클릭합니다.

[Save Adove PDF] 창이 나타나면 Adobe PDF Preset 항목에서 [High Quality Print]를 선택합니다. [Save PDF]를 클릭해 저장합니다.

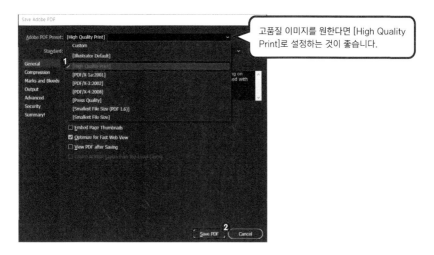

고품질 이미지를 원한다면 [High Quality Print]로 설정하는 것이 좋습니다.

JPEG 파일로 저장하기

JPEG 파일로 저장해 보겠습니다. '1일_01_시작.ai'를 불러옵니다. [File → Export → Export As]를 선택합니다. 파일 형식에서 [JPEG(*.JPG)]를 선택한 후 [Export]를 클릭합니다.

💧 JPEG, PNG 등과 같은 이미지 파일 형식의 차이점은 42쪽을 참고하세요.

[JPEG Options] 창이 나타나면 Color Model과 Rosolution의 설정을 확인합니다. [OK]를 클릭해 저장합니다.

💧 이미지에 투명한 부분이 있고 웹에 이미지를 올린다면 PNG 파일로 저장하는 것을 권장합니다.

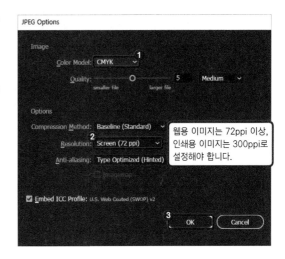

웹용 파일로 저장하기

웹용 파일로 저장해 보겠습니다. [File → Export → Save for Web]을 선택합니다. [Save for Web] 창이 나타나면 Preset 항목의 [PNG-24]를 선택한 후 크기를 확인하고 [Save]를 클릭합니다.

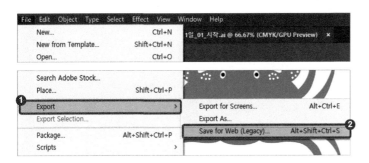

이미지 파일 JPEG, GIF, PNG의 차이점

이미지 사용 목적에 따라 파일 저장 형식이 달라집니다. 파일의 형식과 특징을 알아보고 이미지를 알맞은 형태로 저장해 사용해 보세요. 실무에서는 보통 이미지에 투명한 부분이 있거나 웹용이라면 PNG, 고품질의 인쇄용 이미지라면 JPEG를 사용합니다.

JPEG (joint photographic experts group)	다양한 색상을 표현할 수 있으므로 주로 사진을 저장할 때 사용합니다. 압축률이 높아 파일 용량이 작지만, 손실 압축 방식을 사용하므로 압축률이 높을수록 이미지 손상이 커지는 단점이 있습니다.
GIF (graphics interchange format)	색상은 손실되지 않지만, 256가지 색만 지원하므로 그 이상의 색상을 가진 이미지는 손상됩니다. 따라서 색상이 많은 사진 이미지보다 파일 용량이 작은 투명 이미지와 애니메이션 이미지에 적합합니다.
PNG (portable network graphics)	8비트, 16비트, 24비트로 나눌 수 있으며 색상 손실 없이 이미지를 저장할 수 있습니다. 투명 이미지를 지원하며 웹 이미지에 가장 적합한 형식입니다.

사진을 저장할 때 주로 사용하는 JPEG

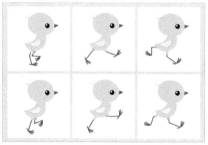

애니메이션 이미지에 적합한 GIF

색상 손실이 없어 웹에 올리기 적합한 PNG

01-2

하루에 100번 쓰는
아트보드·오브젝트 다루기

준비 파일 **1일_02_실습.ai**

일러스트레이터에서 아트보드는 캔버스 역할을 합니다. 한 파일에 하나의 아트보드를 만들어 사용할 수 있지만, 필요에 따라 여러 개의 아트보드를 하나의 파일로 만들어 사용할 수도 있죠. 이렇게 하나의 파일에 여러 아트보드를 만들어 사용하면 여러 시안을 놓고 작업할 때 편리합니다.

01 여러 개의 아트보드 만들기

4개의 아트보드를 만들어 보겠습니다. [File → New](Ctrl + N)를 선택합니다. 팝업 창이 나타나면 맨 위의 [Print]를 선택한 후 Size에서 [A4]를 선택하고 Artboards에 '4'를 입력한 다음 [Create]를 클릭합니다. A4 크기의 아트보드 4개가 만들어집니다.

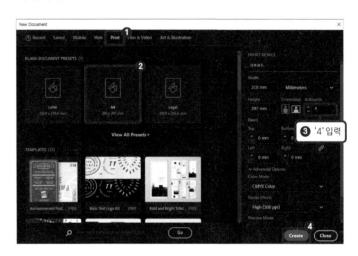

02 아트보드 삭제하기

아트보드를 삭제해 보겠습니다. [툴] 패널에서 [아트보드 툴 ▣]을 선택하면 'Artboard 1'이 선택되어 바깥 테두리에 점선이 보입니다.

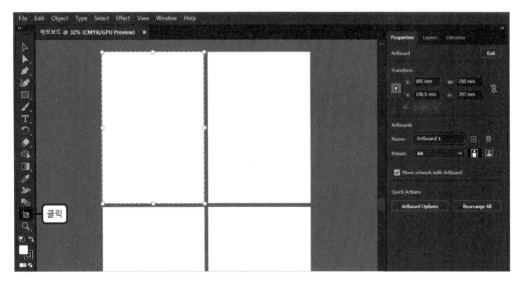

03
오른쪽 [속성] 패널의 휴지통 모양을 누르거나 [Delete]를 누르면 아트보드가 삭제됩니다.

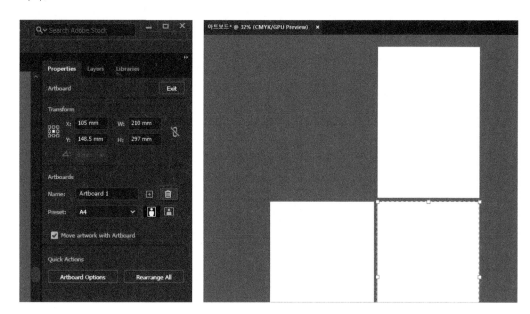

04 아트보드 추가하기

[아트보드 툴 █]이 선택된 상태로 원하는 위치로 드래그하면 그 위치에 새 아트보드가 만들어집니다.

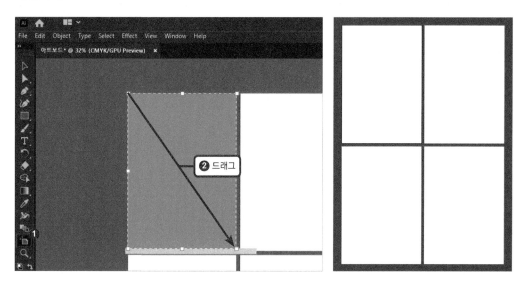

05 아트보드의 크기 수정하기

아트보드의 크기를 조정하는 것도 간단합니다. 왼쪽 아래의 'Artboard 3'을 선택한 후 모서리 부분을 안쪽으로 드래그해 원하는 크기로 줄입니다.

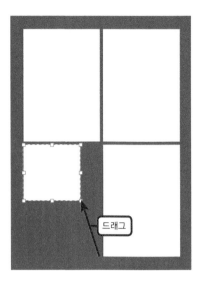

06 아트보드를 원하는 크기로 정확하게 수정하기

이번에는 아트보드의 크기를 정확한 수치로 조정해 보겠습니다. 오른쪽 아래에 있는 'Artboard 4'를 선택합니다. [속성] 패널에서 W와 H에 각각 '200mm'를 입력합니다.

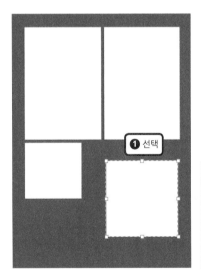

07 아트보드 옮기기

아트보드를 원하는 위치로 옮길 수 있습니다. 'Artboard 3'과 'Artboard 4'를 선택한 후 드래그해 다음과 같이 위로 이동해 보세요.

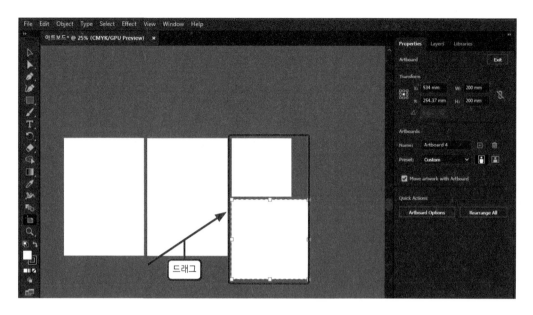

08 [아트보드 툴] 종료하기

아트보드 크기 수정이나 배치 작업이 끝나면. [Esc]를 누르거나 [툴] 패널에서 [선택 툴 ▶]을 클릭해 [아트보드 툴 ▣]을 종료합니다.

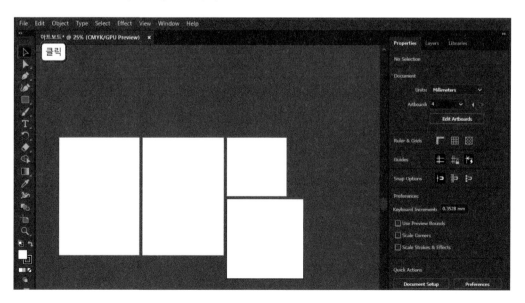

실무에서는 여러 시안을 동시에 작업하거나 한 가지 디자인만 똑같이 적용하는 패키지 작업을 할 때 아트보드를 여러 개 펼쳐 놓으면 능률이 높아집니다.

하면 된다! ♪

아트보드
확대·축소·이동하기

영상 보기

01 실습 파일 열기

[File → Open]([Ctrl] + [O])을 선택해 '1일_02_실습.ai'를 불러옵니다.

02 아트보드 확대하기

아트보드를 확대해 보겠습니다. [툴] 패널에서 [돋보기 툴 🔍]을 선택한 후 아트보드의 가운데에 놓습니다. 마우스 커서가 🔍 모양으로 바뀝니다. 아트보드를 클릭할수록 클릭한 부분을 중심으로 확대됩니다.

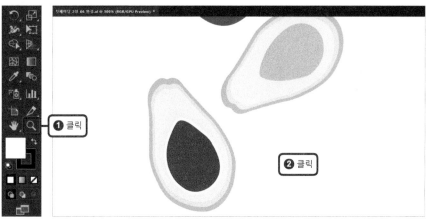

💧 [Alt]를 누른 채 마우스 휠을 드래그해도 됩니다.

03 아트보드 축소하기

[돋보기 툴 🔍]을 선택한 후 [Alt]를 누르면 마우스 커서가 🔍 모양으로 바뀝니다. 이 상태에서
아트보드를 클릭할수록 클릭한 부분을 중심으로 화면이 축소됩니다.

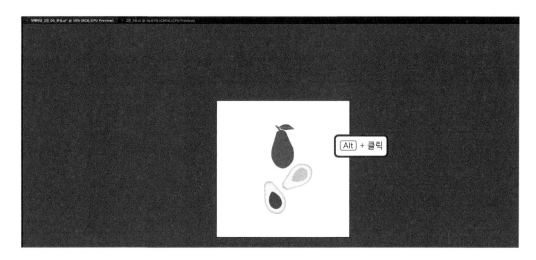

04 원하는 배율로 확대하기

[돋보기 툴 🔍]을 선택한 상태에서 확대하고 싶은 부분에 마우스 커서를 올려놓은 후 길게 눌
러 보세요. 원하는 배율까지 손가락을 떼지 않습니다. 확대를 멈추고 싶으면 마우스에서 손가
락을 뗍니다. 64,000%까지 확대되므로 세밀하게 작업할 수 있습니다.

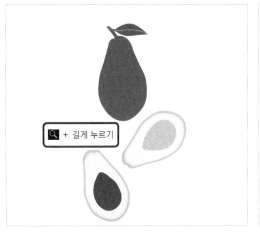
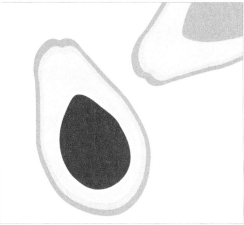

💧 CC 버전 이하에서는 이 기능이 작동하지 않습니다. 그 대신 마우스로 드래그해 특정 부분을 확대하거나 축소할 수 있습니다.

05 화면 이동하기

확대한 채 작업을 하다가 아트보드를 다른 곳으로 옮기고 싶을 때 [툴] 패널에서 [손바닥 툴 ✋]을 선택하면 마우스 커서가 손바닥 모양으로 바뀝니다. 원하는 방향으로 드래그하면 아트보드가 움직입니다.

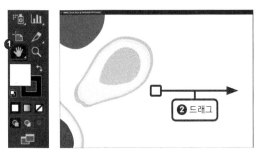

💧 [손바닥 툴 ✋] 대신 [Spacebar]를 누른 채 드래그해도 됩니다.

기능 사전 단축키로 아트보드 확대·축소·이동하기

일러스트레이터로 작업하다 보면 [돋보기 툴 🔍]과 [손바닥 툴 ✋]을 자주 쓰게 됩니다. 그때마다 [툴] 패널에서 일일이 선택하지 않고 단축키를 사용하면 편리하겠죠? 단축키는 실무에서 자주 사용하므로 외워 두는 것이 좋습니다.

아트보드 확대: [Ctrl] + [+]	아트보드 축소: [Ctrl] + [−]
아트보드 이동: [Spacebar]를 누른 채 드래그	아트보드를 윈도우 크기에 맞게 보기: [Ctrl] + [0]
아트보드를 100% 크기로 보기: [Ctrl] + [1]	

하면 된다!♪

오브젝트
선택 · 해제 · 복제하기

영상 보기

01 오브젝트 선택하고 해제하기

이번에는 오브젝트를 선택해 보겠습니다. [툴] 패널에서 [선택 툴 ▷]을 선택합니다. 맨 위에 있는 아보카도를 선택한 후 Shift를 누른 채 바로 밑에 있는 아보카도를 선택합니다. 이렇게 Shift를 누른 채 클릭하면 여러 오브젝트를 한 번에 선택할 수 있습니다.

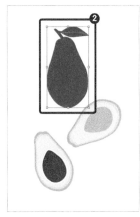

02

이번에는 오브젝트 선택을 해제해 보겠습니다. [선택 툴 ▷]을 클릭한 후 아트보드를 드래그해 모든 아보카도를 선택합니다. 이 상태에서 맨 밑에 있는 아보카도를 선택 해제하겠습니다. Shift를 누른 채 맨 밑에 있는 아보카도를 선택하면 선택한 아보카도만 선택 해제됩니다.

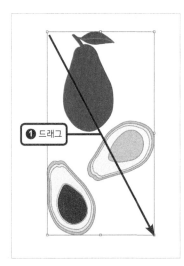

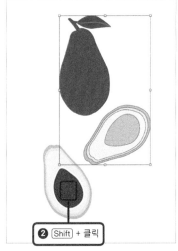

03 오브젝트 복제하기

오브젝트를 복제하는 방법도 간단합니다. 아보카도 2개를 선택하고 Alt 를 누른 채 왼쪽으로
드래그하세요. 그러면 왼쪽에 똑같은 아보카도가 복제됩니다.

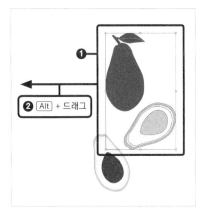
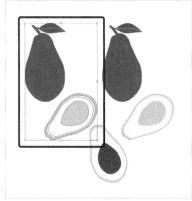

04 실행 취소하기

이번에는 실행을 취소해 원래대
로 되돌려보겠습니다. Ctrl +
Z 를 누르면 복제됐던 아보카
도가 사라지고 원상태로 돌아
옵니다.

💧 맥에서는 Ctrl 대신 Command 를 누르세요.

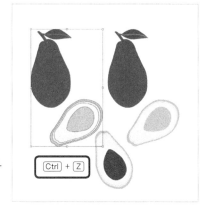
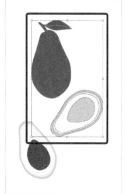

기능 사전

윈도우와 맥의 단축키가 달라요!

일러스트레이터를 윈도우(Windows)와 맥(Mac)에서 호환해 작업하는 데 문제가 없습니
다. 하지만 단축키는 조금 다릅니다. 만약 맥을 사용한다면 다음과 같은 단축키만 알아 두
면 됩니다.

윈도우의 Ctrl = 맥의 Command	윈도우의 Alt = 맥의 option

01-3

겉으로는 똑같아 보여도 다른 색상!
─ RGB와 CMYK

일러스트레이터에서는 웹용 이미지를 만들기도 하고 인쇄용 이미지를 만들기도 합니다. 그런데 쓰임새에 따라 색상 모드를 설정한 후에 작업하는 것이 중요합니다.

디자인 이론 RGB와 CMYK란?

물감을 섞어 색상을 만들 듯이 포토샵, 일러스트레이터 등 모든 그래픽 프로그램에서는 여러 색상을 혼합해 색상을 만듭니다. 색상의 종류에는 크게 두 가지가 있습니다. 바로 RGB 모드와 CMYK 모드입니다. RGB 모드의 이미지와 CMYK 모드의 이미지는 비슷해 보이지만, 어떤 매체를 거치느냐에 따라 색감이 미묘하게 달라집니다.

RGB 모드

CMYK 모드

RGB - 웹용 이미지	CMYK - 인쇄용 이미지
영상, 웹, 모바일, 애니메이션, TV 등 모니터에 나타내는 이미지는 RGB 모드를 사용합니다. RGB는 빛의 삼원색 레드(Red), 그린(Green), 블루(Blue)의 줄임말로, 광원(빛)을 사용한 가산 혼합 색을 뜻합니다. 광원을 사용하므로 색을 혼합할수록 밝아집니다. 세 가지 광원을 모두 섞으면 화이트(White), 없애면 블랙(Black)이 됩니다.	출력이나 인쇄 작업용 이미지는 CMYK 모드를 사용합니다. CMYK는 사이안(Cyan), 마젠타(Magenta), 옐로(Yellow), 블랙(Black)의 네 가지 색상의 줄임말로, 잉크의 감산 혼합을 뜻합니다. 검은색은 삼원색으로만 만들 수 없으므로 검은색이 추가됩니다. RGB 모드와는 반대로 색을 혼합할수록 어두워집니다.

일러스트레이터에서는 처음부터 쓰임새를 고려해 색상 모드를 설정한 후에 작업하는 것이 좋습니다. 물론 작업 중간에 색상 모드를 바꿀 수는 있습니다. 하지만 CMYK 모드에서 RGB 모드로 바꾸면 채도가 높아져 밝게 나타나고 RGB 모드에서 CMYK 모드로 바꾸면 채도가 낮아지는 등 색상 모드를 바꾸면 색이 미묘하게 달라지기 때문에 이미지를 다시 보정해야 합니다. 따라서 색상 정보가 손실되지 않도록, 웹용이라면 RGB 색상 모드, 인쇄용이라면 CMYK 색상 모드를 선택하고 작업을 시작하세요.

하면 된다! ↣
색상 모드 살펴보기 — RGB, CMYK

영상 보기

01 [New Document] 창 열기

새 파일을 만드는 첫 화면에서 RGB와 CMYK 모드를 설정하는 방법을 알아보겠습니다. 일러스트레이터를 실행하거나 이미 실행 중이라면 [File → New](Ctrl + N)를 선택합니다.

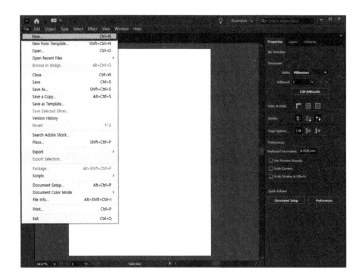

02 색상 모드 설정하기

[New Document] 창이 나타나면 [Print]를 선택합니다. Color Mode에서 [CMYK Color]를 선택한 후 [Create]를 클릭합니다.

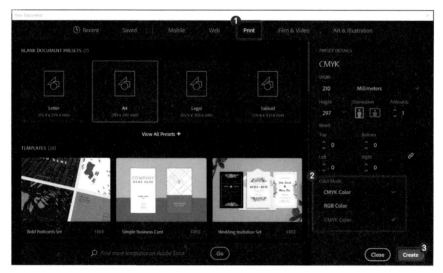

🌑 만약, [Web]을 선택하면 웹 색상 모드의 기본값인 [RGB Color]로 설정됩니다.

03 파일을 연 상태에서 색상 모드 변경하기

작업을 하다가 색상 모드를 변경하려면 어떻게 해야 할까요? CMYK Color로 만든 파일을 RGB 모드로 변경해 보겠습니다. [File → Document Color Mode → RGB Color]를 선택합니다.

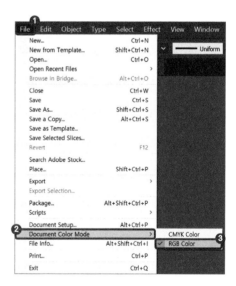

04 [Color] 패널에서 색상 모드 설정하기

패널에서 색상 모드를 바꿔 보겠습니다. [Color] 패널의 ▤를 클릭하고 나타나는 메뉴 중 [Show Options]를 선택하면 나타나는 Color 모드 옵션이 나타납니다. 여기서 다양한 색상 모드를 선택할 수 있습니다.

색상 모드를 바꿨다고 해서 아트보드에 그린 오브젝트의 색상이 곧바로 바뀌는 것은 아닙니다. 앞으로 아트보드에 사용할 색상 모드가 바뀌는 것뿐이죠.

[Color] 패널

[Color] 패널에서 선택할 수 있는 색상 모드를 살펴보겠습니다. 쓰임새에 따라 적절하게 사용해야 하는 중요한 내용이므로 꼭 짚고 넘어가세요!

❶ Grayscale: White와 Black 두 색 사이의 단계를 256가지 색으로 표현합니다. 흑백 이미지를 표현하고 싶을 때 Grayscale 모드로 나타냅니다.

❷ RGB: Red, Green, Blue 색상의 비율을 각각 0~255단계로 표현합니다. 영상, 웹, 애니메이션용 이미지 색상 모드입니다.

❸ HSB: 색의 세 가지 속성인 색상(Hue), 채도(Saturation), 명도(Brightness)를 사용해 색을 만듭니다.

❹ CMYK: Cyan, Magenta, Yellow, Black 색상의 비율을 0~100%까지 조절할 수 있습니다. 출력용이나 인쇄용 이미지 색상 모드입니다.

❺ Web Safe RGB: '웹 안전색'이라고도 합니다. 웹 브라우저의 종류에 상관없이 안전하게 사용할 수 있는 색상 모드입니다.

실무에서는 웹 환경에서 사용할 이미지라도 보통 Web Safe RGB가 아닌 RGB를 선택해 작업합니다. Web Safe RGB는 안전하지만, 구현할 수 있는 색상에 한계가 있기 때문입니다.

2일차

하루 만에 일러스트레이터
핵심 기능 익히기

02-1

일러스트레이터의 기본!
오브젝트와 레이어

준비 파일 2일_01_1_실습.ai, 2일_01_2_실습.ai 완성 파일 2일_01_2_완성.ai

오늘 배울 기능	하나, 오브젝트 선택하기	둘, 색상 바꾸기	셋, 레이어 이해하기
	·[선택 툴 ▶] ·[직접 선택 툴 ▶]	·색상 지정 도구	·[Layer] 패널

오브젝트 선택하고 색 지정하기

그림을 연필로 수정하고 색을 칠하듯이 일러스트레이터에서는 오브젝트를 옮기고 색을 입히는 작업이 밑바탕이 됩니다. 오브젝트를 선택하는 [선택 툴 ▶]과 [직접 선택 툴 ▷]의 차이, 면과 선의 색상을 설정하는 방법을 알아보겠습니다.

하면 된다!〉

전체와 부분 선택하기+
면과 선 색 바꾸기

영상 보기

01 실습 파일 열기

[File → Open]([Ctrl] + [O])을 선택해 '2일_01_1_실습.ai'를 불러옵니다.

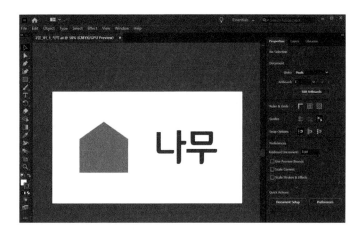

02 오브젝트 선택하기

[툴] 패널의 가장 위에 있는 검은색 화살표는 '선택 툴'이라고 하며 오브젝트 전체를 선택할 때 사용합니다. [선택 툴 ▶]을 클릭한 후 주황색 집을 드래그해 원하는 위치로 옮겨 보세요. 단축키는 [V]입니다.

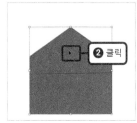

❷ 클릭
❸ 드래그

03 오브젝트의 특정 부분만 선택하기

[선택 툴 ▶] 아래에 있는 흰색 화살표는 '직접 선택 툴'이라고 하며 오브젝트를 이루는 한 지점을 선택할 때 사용합니다. [직접 선택 툴 ▷]을 누른 후 주황색 집의 특정 꼭짓점을 드래그해 형태를 수정해 보세요. 단축키는 Ⓐ입니다.

💧 [직접 선택 툴 ▷]은 어도비 사의 그래픽 프로그램 중 일러스트레이터에만 있는 개념입니다.

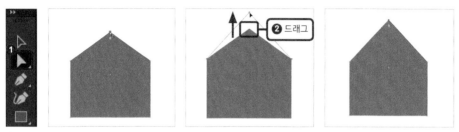

💧 꼭짓점을 정확하게 클릭하지 않으면 주황색 집 전체가 선택될 수도 있습니다. 이 경우에는 수정하려는 꼭짓점을 한 번 더 클릭해 보세요.

04 면 색 바꾸기

[툴] 패널의 아래쪽에 있는 두 가지 색상 중 앞에 있는 것이 면 색, 뒤에 있는 것이 선 색입니다. [선택 툴 ▶]로 '나무' 글씨를 클릭한 후 면 색을 더블클릭하면 나타나는 [Color Picker] 창에서 원하는 색을 선택하고 [OK]를 클릭해 면 색을 바꿔 보세요.

💧 색상을 지정하는 방법은 01-3에서 자세히 설명합니다.

일러스트레이터에서는 오브젝트의 면과 선의 색을 따로 지정할 수 있습니다.

❶ 면(Fill): 면 색을 선택합니다.

❷ 선(Stroke): 선 색을 선택합니다.

❸ 바꾸기(Swap): 면과 선의 색상을 서로 바꿉니다.

❹ 초기화(Default): 면은 흰색, 선은 검은색을 기본으로 설정합니다.

❺ 면과 선을 단일 색, 그레이디언트(Gradient), 비활성화로 적용합니다.

05

이번에는 '나무' 글씨에 검은색 선을 넣어 보겠습니다. '나무'를 클릭한 후 선 색을 누르고 색상을 누른 다음 검은색으로 바꿔 보세요.

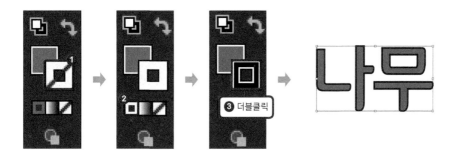

06 아무 색도 없는 비활성화!

일러스트레이터에서는 아무 색도 없는 '비활성화'를 선택할 수도 있습니다. 면이나 선의 색상을 넣고 싶지 않을 때 사용합니다. 먼저 '나무'를 선택한 후 면 색을 누르고 그 아래에 있는 3개의 아이콘 중에서 [비활성화 ☑]를 눌러 면 색을 비활성화해 보세요.

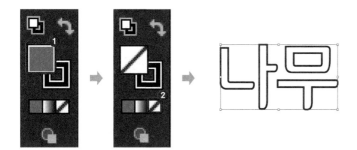

💧 아래에 있는 3개의 아이콘 중에서 맨 앞은 이전에 사용한 색이고, 가운데는 그레이디언트를 사용한 색입니다. 그레이디언트는 06-1절에서 자세히 설명합니다.

마지막으로 선도 같은 방법으로 비활성화해 보세요.

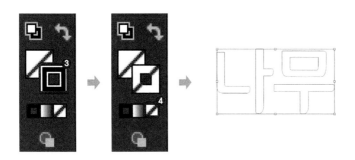

이미지를 비활성화했더니 모두 사라졌어요! 지워진 걸까요?

면과 선이 비활성화로 선택돼 있어도 패스가 남아 있으므로 지워진 것은 아닙니다. [선택
툴 ▶]로 화면을 드래그해 보면 투명한 형태의 오브젝   ● 패스는 02-2에서 자세히 설명합니다.
트를 찾을 수 있습니다.

| 면 활성화
+
선 활성화 | 면 활성화
+
선 비활성화 | 면 비활성화
+
선 활성화 | 면 비활성화
+
선 비활성화 |

디자인 이론 레이어로 편리하게 따로따로!

포토샵, 일러스트레이터와 같은 그래픽 프로그램에서는 레이어(Layer) 개념이 빠지지 않고
등장합니다. 이 레이어 개념은 그래픽 프로그램에서 기초 중의 기초이며 오브젝트를 만들고
수정할 때도 매우 유용합니다.

레이어란?

레이어(Layer)는 '층'을 말합니다. 각 층의 이미지가 쌓여 하나의 모양이 만들어지죠. 다음 이
미지는 우산 레이어(Layer 1)와 빗방울 레이어(Layer 2)를 합쳐 만든 것입니다. 레이어를 활
용하면 관련 오브젝트들을 관리하거나 선택하기 편리합니다.

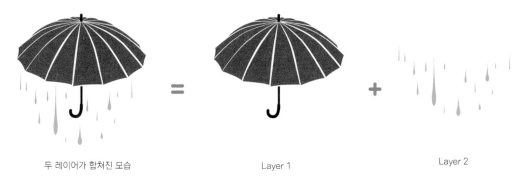

두 레이어가 합쳐진 모습　　　　　　　Layer 1　　　　　　　Layer 2

특징 1 — 상위 레이어 안의 하위 레이어!

일러스트레이터에서 오브젝트는 자
동으로 상위 레이어와 하위 레이어
로 나뉩니다. 예를 들어 우산 이미
지에서 상위 레이어인 [Layer 1] 안
에는 하위 레이어인 우산대, 손잡이
등의 오브젝트가 들어 있습니다.

여기를 클릭하면 하위 레이어를 숨기거나 나타낼 수 있습니다.

상위 레이어

하위 레이어

특징 2 — 분리할 수 있어요!

레이어를 나눠 사용하면 여러 오브젝트를 그룹으로 묶거나 수정할 때 손쉽게 작업할 수 있습
니다. 예를 들어 다음 이미지에서 [Layer 2]의 [눈 👁]을 클릭해 아이콘이 사라지면 빗방울은
사라지고 우산만 보이므로 [Layer 1]의 우산만 쉽게 수정할 수 있습니다.

[Layer 1]은 우산, [Layer 2]는 빗방울

[Layer 2]의 빗방울을 숨긴 경우

특징 3 — 수정하기 편해요

레이어 오른쪽의 작은 [동그라미 ○]를 클릭하면 레이어에 속한 오브젝트를 한꺼번에 선택할 수 있습니다. 만약, 우산의 색을 바꾸고 싶다면 [Layer 1]의 오른쪽 끝에 있는 [동그라미 ○]를 선택해 우산을 구성하는 오브젝트를 한 번에 선택한 후 원하는 색상으로 바꾸면 됩니다.

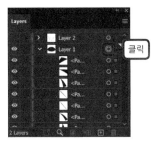

[Layer 1]을 선택해 우산의 색을 바꿀 경우

이제 직접 실습하면서 레이어를 자세히 배워 보겠습니다. '행복한 하루'라는 문구와 스마일 이모티콘으로 레이어를 직접 다뤄 볼게요!

하면 된다!↷

캠페인 시안 선택하며
레이어 이해하기

영상 보기

01 실습 파일 열기

[File → Open](Ctrl + O)을 선택해 '2일_01_2_실습.ai'를 불러옵니다.

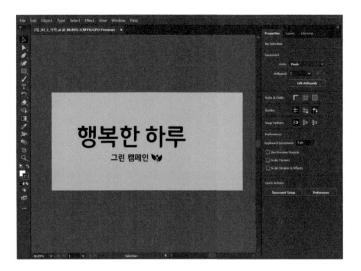

02 레이어 순서 바꾸기

레이어가 배경, 문구, 이모티콘 등으로 나뉘어 있습니다. 그런데 이모티콘 레이어가 배경 레이어 아래에 있어서 보이지 않습니다. 이모티콘 레이어를 위로 올려 화면에 나타나게 해 보겠습니다. [Layers] 패널에서 이모티콘 레이어인 '이모티콘1'과 '이모티콘2'를 선택한 후 맨 위로 드래그합니다. 숨어 있던 이모티콘이 나타납니다.

03 레이어 잠그기

이번에는 문구의 색상을 바꿔 보겠습니다. [선택 툴 ▶]로 문구 2개를 드래그해 선택해 보세요. 그런데 문구를 드래그하니 배경까지 선택되어 시안이 망가집니다.

배경이 선택되지 않도록 잠가 보겠습니다. Ctrl + Z를 눌러 되돌린 후 [배경] 레이어의 [눈 ◉] 옆에 있는 빈칸을 클릭하면 [잠금 🔒]이 나타납니다. 이 상태에서 [선택 툴 ▶]로 다시 드래그해 문구 2개를 선택해 보세요. [배경] 레이어가 잠겨 있으므로 문구만 선택할 수 있어 훨씬 편리합니다. 문구 색상을 흰색으로 바꿔 보세요.

04 레이어에 해당하는 오브젝트 한꺼번에 선택하기

'행복한 하루'와 '그린 캠페인' 색을 흰색으로 바꿨으니 옆의 로고 색상도 맞춰야겠죠? [로고] 레이어 왼쪽의 ▶를 클릭하면 밑에 하위 레이어가 보입니다. 오브젝트를 일일이 선택해 색상을 바꿀 수도 있지만, 레이어에 속한 모든 오브젝트를 한 번에 선택하는 방법도 있습니다. [로고] 레이어 오른쪽의 [동그라미 ○]를 클릭해 보세요. 그러면 [로고] 레이어에 속한 로고 오브젝트가 모두 선택될 것입니다. [툴] 패널에서 면 색을 흰색으로 수정하세요.

05 레이어 끄기

오브젝트를 수정할 때는 레이어를 잠글 수 있을 뿐 아니라 숨길 수도 있습니다. 이 방법은 여러 시안을 놓고 어떤 것이 어울리는지 살펴볼 때 편리하죠. 이 예제 파일에는 이모티콘 색상 시안이 두 가지 있습니다. [이모티콘1] 레이어의 [눈 👁]을 클릭해 레이어를 숨겨 보세요. 그러면 바로 그 아래에 있는 [이모티콘2] 레이어의 연두색 이모티콘이 보일 것입니다.

06 레이어 켜기

다시 [이모티콘1] 레이어의 [눈 👁]을 클릭하면 노란색 이모티콘이 나타납니다. 레이어를 켜고 끄면서 어떤 시안이 어울릴지 선택해 보세요!

같은 위치의 오브젝트를 다른 레이어로 분리하면 껐다 켜면서 시안을 검토할 때 편리합니다.

[Layers] 패널

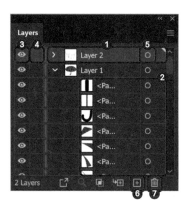

❶ **상위 레이어:** 기본 레이어입니다. 더블클릭해서 레이어의 이름을 바꾸면 구별하기 쉽습니다.

❷ **하위 레이어:** 상위 레이어의 화살표를 클릭하면 나타납니다.

❸ **레이어 켜기/끄기:** [눈 👁]을 클릭하면 오브젝트를 감춥니다. 다시 클릭하면 오브젝트가 나타납니다.

❹ **레이어 잠그기/열기:** 클릭하면 선택한 레이어가 잠깁니다. 다시 클릭하면 잠금이 해제됩니다.

❺ **레이어 선택:** 클릭하면 레이어에 들어 있는 모든 오브젝트가 선택됩니다.

❻ **새 레이어:** 새 레이어를 추가합니다.

❼ **삭제:** 레이어를 삭제합니다.

일러스트레이터의 레이어와 포토샵의 레이어의 차이점?

일러스트레이터는 한 레이어에 여러 오브젝트를 넣을 수 있지만, 포토샵은 한 레이어에 한 오브젝트만 넣을 수 있습니다. 하지만 포토샵에서는 레이어 합치기 등의 기능으로 한 레이어에 여러 오브젝트를 넣을 수도 있으니, 두 프로그램의 레이어가 다르다고는 할 수 없습니다.

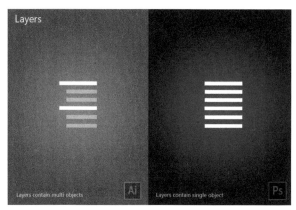

(출처: https://www.behance.net/kather_bfa)

02-2

'패스'를 알면 일러스트레이터의
반은 해결된다!

준비 파일 2일_02_실습.ai 완성 파일 2일_02_완성.ai

오늘
배울
기능

하나,	둘,	셋,
패스 이해하기	패스 그리기	그리드 활용하기
	· [펜 툴 ✐]	· [Show Grid]

패스란?

패스(Path)는 일러스트레이터에서 그리기 작업을 할 때 만들어지는 선으로, 시작점과 끝점을 이어서 만들어진 선과 그 사이의 선 전체를 가리킵니다. 일러스트레이터에서 그린 작업은 모두 패스로 이뤄집니다.

패스의 구성 살펴보기

점과 선으로 이뤄진 패스에는 각각의 이름이 있습니다. 패스를 조정하려면 [펜 툴 ✐]을 사용해야 하는데, 기준점을 추가하거나 삭제할 수 있고 방향점을 이용해 기울기를 조절할 수도 있습니다. 패스를 이루는 네 가지 용어는 앞으로 반복해서 나오므로 잘 기억해 두세요!

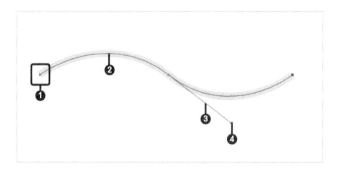

◑ 패스는 [펜 툴 ✐], [도형 툴], [연필 툴 ✐], [선 툴 ╱]로 만들 수 있습니다.

◑ '곡선 패스 그리기'(74쪽)에서 기준점과 방향점 등을 활용해 봅니다.

❶ 기준점(Anchor Point): 패스를 고정하고 선을 이루는 기준점입니다.

❷ 세그먼트(Segment): 기준점과 기준점 사이를 연결할 때 표시되는 선입니다.

❸ 방향선(Direction Line): 곡선의 기울기와 형태를 조절하는 선입니다.

❹ 방향점(Direction Point): 방향선의 길이와 각도를 조절하는 점입니다.

하면 된다! ▷

[펜 툴]로
선 그리는 연습하기

영상 보기

01 실습 파일 열기

[File → Open](Ctrl + O)을 선택해 '2일_02_실습.ai'를 불러옵니다.

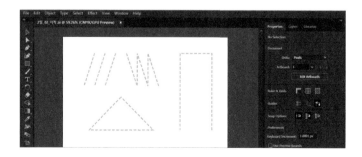

02

[툴] 패널에서 [펜 툴 ✒️]을 클릭한 후 [초기화 ▣]를 누르고 면 색을 비활성화합니다.
[속성] 패널의 [Apperance] 패널에서 Stroke(선 굵기)를 '5pt'로 설정합니다.

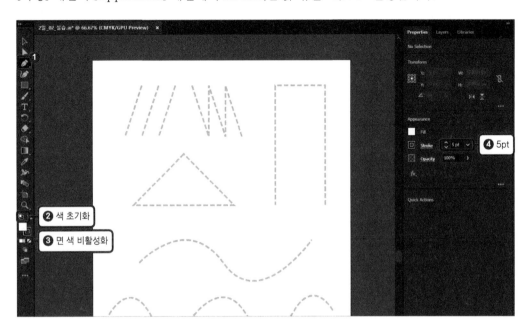

03

이제 패스를 그릴 때 유용한 두 가지 설정을 해 보겠습니다. 먼저 위쪽 메뉴에서
[View → Show Grid]를 선택합니다. 그러면 패스를 편하게 그릴 수 있도록 아트보드 위에 그
리드(Grid)가 나타납니다. 그리드 위에 패스가 달라붙도록 [View → Snap to Grid]도 선택합
니다.

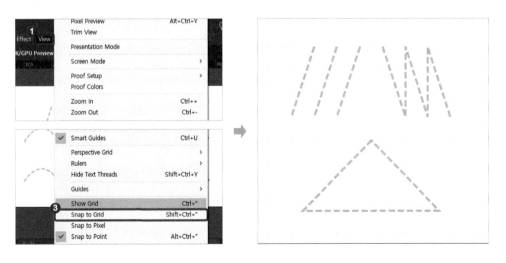

기능 사전 [Show Grid]와 [Snap to Grid]

[Show Grid]
[View → Show Grid]를 선택하면 아트보드 위에 그리드가 나타납니다. 가이드라인이 될 그리드를 이용하면 정확한 수치와 크기로 작업할 수 있지요. 그리드 표시를 없애고 싶다면 [View → Hide Grid]를 선택하면 됩니다.

[Snap to Grid]
[View → Snap to Grid]를 선택하면 패스를 이동하거나 그릴 때 그리드에 자석처럼 달라붙게 합니다. 단, 자유로운 선을 그리고 싶을 때는 [View → Snap to Grid]를 다시 선택해 해제해야 합니다.

04 직선 패스 그리기

직선을 그려 보겠습니다. [펜 툴 🖊]로 아트보드의 격자선에 맞춰 시작점을 클릭합니다. 앞서 [Snap to Grid]를 선택했으므로 시작점 근처에 가면 자석처럼 달라붙는 것을 확인할 수 있습니다. 위쪽을 클릭해 직선을 만듭니다. 선 그리기를 끝내려면 [Enter]를 누릅니다. 같은 방법으로 직선 패스를 그립니다.

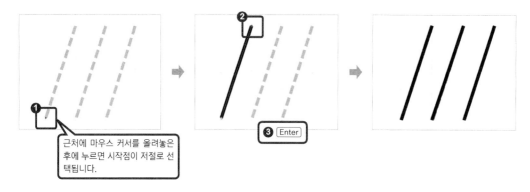

근처에 마우스 커서를 올려놓은 후에 누르면 시작점이 저절로 선택됩니다.

기능 사전 선을 그리다가 패스를 끊고 싶어요 – 선 해제하기

[펜 툴 🖊]로 선을 그리다가 패스를 끊는 방법에는 [Enter]를 누르는 것 말고도 두 가지 방법이 더 있습니다. 또한 패스 그리기를 마치고 싶을 때는 [툴] 패널에서 [선택 툴 ▶]을 클릭하면 됩니다.

패스를 끊고 싶을 때	패스 그리기를 마치고 싶을 때
방법 1 [Enter] 누르기 방법 2 [Esc] 누르기 방법 3 [Ctrl]을 누른 채 아트보드의 빈 곳 　　　 클릭하기	[툴] 패널에서 [선택 툴 ▶] 클릭하기

05 이어진 직선 패스 그리기

이번엔 직선을 이어서 그려 보겠습니다. 방법은 간단합니다. [펜 툴 ✏]로 시작점을 클릭한 후 다음 지점을 클릭하고 [계속] 클릭하면 됩니다. 지그재그를 모두 그린 후 Enter 를 눌러 그리기를 마칩니다.

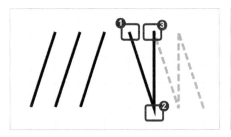

직선을 그리다가 화면을 이동하고 싶다면 Spacebar 를 누른 채 마우스 커서를 드래그하면 됩니다.

06 수평, 수직으로 패스 그리기

Shift 를 누른 채 클릭하면 수직, 수평, 45°의 직선을 만들 수 있습니다. 먼저 아무런 조건 없이도 수평, 수직으로 패스가 그려지는지 확인하기 위해 앞에서 설정했던 [View → Snap to Grid]를 클릭해 체크 표시를 해제합니다.

준비가 됐다면 [펜 툴 ✏]로 시작점을 클릭합니다. Shift 를 누른 채 위쪽을 클릭하면 수직선이 만들어집니다. Shift 를 누른 채 오른쪽을 클릭한 후 아래를 클릭합니다. Enter 를 눌러 마무리합니다.

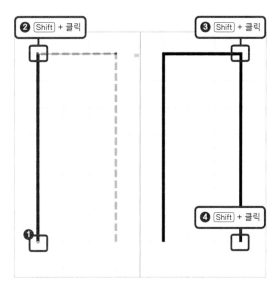

07 45° 대각선 패스 그리기

이번에는 시작점을 클릭한 후 Shift 를 누른 채 오른쪽 위 대각선 45°를 클릭합니다. 같은 방법으로 Shift 를 누른 채 선을 그리고 Enter 를 눌러 마무리합니다.

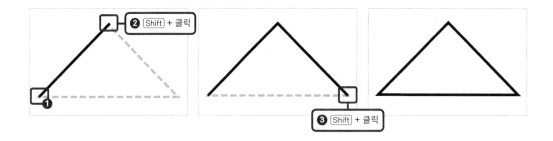

08 곡선 패스 그리기

스냅과 그리드는 자유로운 곡선을 그릴 때 방해가 되므로 [View → Hide Grid]를 선택해 그리드를 감춥니다. [펜 툴 ✒]을 선택한 후 시작점을 클릭합니다. 두 번째 지점을 클릭하면서 마우스 커서를 아래 방향으로 드래그하세요. 방향선을 움직이면서 빨간색 선이 원하는 형태일 때 마우스를 놓습니다. 다시 오른쪽 끝점을 클릭하면 자연스러운 곡선 형태가 만들어집니다. Enter 를 눌러 마무리합니다.

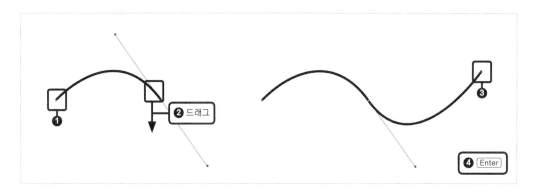

09 방향선 끊어가면서 곡선 패스 그리기

굴곡이 많은 곡선을 그릴 때 한쪽 방향선을 없애면서 그리면 훨씬 쉽습니다. 일단 앞에서 배운 방법대로 시작점을 클릭한 후 다음 지점을 클릭하면서 드래그해 곡선을 만듭니다.
곡선의 끝부분을 한 번 더 클릭하면 방향선 한쪽이 사라지고 마우스 커서를 따라다니는 빨간색 선이 곡선이 아닌 직선으로 변한 것을 알 수 있습니다. 이 상태에서 다시 다음 지점을 클릭하면서 드래그해 곡선을 만듭니다. 이와 마찬가지로 끝부분을 클릭해 방향선 하나를 없앱니다.
반복해서 곡선을 그리고 Enter 를 눌러 마칩니다.

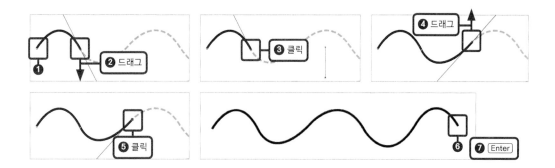

10 곡선과 직선 이어 그리기

곡선을 그리다가 직선을 그려야 하거나 직선을 그리다가 곡선을 그려야 하는 경우가 있지요. 그럴 때는 방향선의 한쪽을 끊거나 선을 새로 만들면 됩니다. 곡선과 직선을 이어 그리는 연습을 해 보겠습니다.

[펜 툴 ✏]을 선택한 후 아트보드의 시작점을 클릭합니다. 다음 기준점을 클릭한 후 드래그하면서 곡선을 만듭니다. 마지막으로 클릭한 지점을 다시 클릭해 방향선을 지웁니다. 그런 다음 (Shift)를 누른 채 오른쪽 지점을 클릭해 직선을 만듭니다. (Enter)를 눌러 마무리합니다.

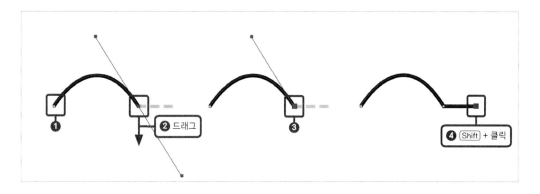

11 같은 방법으로 반원과 직선을 반복해 만든 후 (Ctrl)을 누른 채 아트보드의 빈 곳을 클릭해 [펜 툴 ✏] 기능 연습을 마칩니다.

💧 이 실습 예제는 곡선과 직선을 간단히 연습해 보기 위한 것입니다. 정확히 반원을 그리고 싶을 때는 [Snap to Grid]를 켜 두고 작업하세요.

패스를 그릴 때 방향선의 개수에 따라 연결된 선의 성격이 달라집니다.

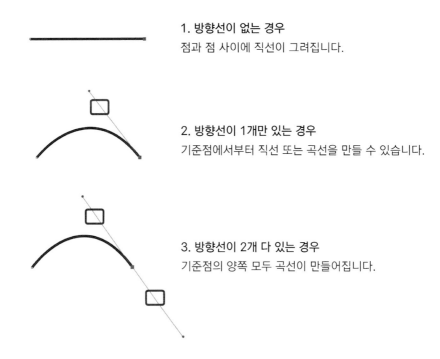

1. 방향선이 없는 경우
점과 점 사이에 직선이 그려집니다.

2. 방향선이 1개만 있는 경우
기준점에서부터 직선 또는 곡선을 만들 수 있습니다.

3. 방향선이 2개 다 있는 경우
기준점의 양쪽 모두 곡선이 만들어집니다.

복습 | 10분 만에 만들어야 한다!

'2일_02_복습.ai'를 불러와 선인장을
만들어 보세요!

준비 파일 2일_02_복습.ai
완성 파일 2일_02_복습완성.ai

3일차

일러스트레이터
작품 만들어 보면서
초보 탈출하기

정확한 형태는 도형을 활용하자 — 구름과 물방울 그리기

완성 파일 3일_01_완성.ai

오늘 배울 기능	하나, 도형 그리기	둘, 도형 정렬하기	셋, 오브젝트 색상 변경하기
	·[도형 툴]	·[Align] 패널	·[Swatchs] 패널

기본 도형을 이용해 날씨 오브젝트를 만들어 보겠습니다. [도형 툴]을 사용해 원과 사각형을 그리고 합치면 손으로 그린 것보다 정확하고 깔끔하게 완성할 수 있습니다. 다음 실습을 하면서 오브젝트를 완성해 보세요.

하면 된다!♪

원과 사각형으로 구름과 물방울 만들기

영상 보기

01 새 아트보드 생성하기

[File → New]([Ctrl] + [N])를 선택하면 팝업 창이 나타납니다. [Print → A4]를 클릭한 후 옵션값을 그림과 같이 설정하고 [Create]를 클릭합니다.

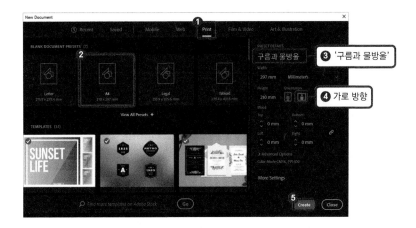

02 원 그리기

[사각형 툴 ■]을 길게 클릭해 보세요. 숨은 메뉴가 나타납니다. 이 중에서 [원형 툴 ●]을 클릭하세요. 아트보드에 [Shift]를 누른 채 드래그하면 원이 그려집니다.

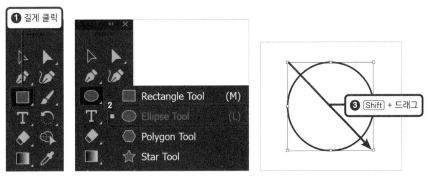

💧 [도형 툴]뿐 아니라 아이콘 아래에 작은 화살표가 있는 메뉴에는 작은 메뉴가 숨어 있습니다. 아이콘을 길게 클릭하면 숨은 메뉴가 나타납니다.

03 같은 방법으로 원을 3개 더 그린 후 오른쪽 그림과 같이 겹치게 배치합니다.

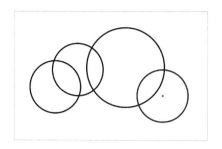

[도형 툴]에서 단축키 사용하기

[도형 툴]에서도 Shift와 Alt를 활용하면 작업 속도를 더 높일 수 있습니다.

Shift + 드래그	[도형 툴]을 클릭한 후 Shift를 누른 채 아트보드에 드래그하면 정사각형, 정원 등 가로, 세로 길이가 같은 정다각형이 그려집니다.
Alt + 드래그	[도형 툴]을 클릭한 후 Alt를 누른 채 아트보드에 드래그하면 도형이 한가운데부터 그려집니다.
Shift + Alt + 드래그	[도형 툴]을 클릭한 후 Shift + Alt를 동시에 누른 채 아트보드에 드래그하면 정다각형이 한가운데부터 그려집니다.

04 [Align] 패널로 정렬하기

양끝 원을 정렬해 구름 아래 모양처럼 다듬어 보겠습니다. [툴] 패널에서 [선택 툴 ▶]을 클릭한 후 맨 왼쪽 원과 맨 오른쪽 원을 Shift를 누른 채 선택합니다.

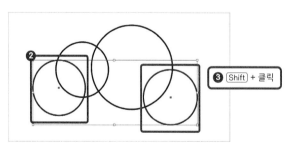

❸ Shift + 클릭

05

[속성] 패널의 [Align]에서 다음 순서대로 옵션을 설정해 두 원의 위치가 아래를 기준으로 같은 선 위에 있도록 만듭니다.

💧 메뉴 바에서 [Align] 패널을 꺼내려면 [Window → Align] 선택

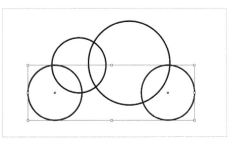

기능 사전

완벽한 정렬을 위한 툴, [Align] 패널 알아 두기

[Align] 패널을 이용하면 오브젝트를 일일이 옮기지 않고도 하나의 기준점으로 배치할 수 있습니다. [Align] 패널에서 ▤을 눌러 [Show Option]을 클릭하면 Distribute Spacing 와 Align To 항목을 볼 수 있습니다.

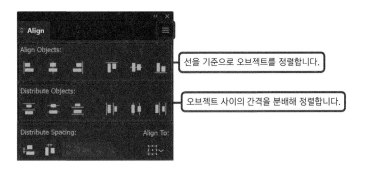

선을 기준으로 오브젝트를 정렬합니다.

오브젝트 사이의 간격을 분배해 정렬합니다.

Align To: 정렬 기준을 선택합니다.

❶ Align to Selection: 선택한 오브젝트 사이의 평균 지점에서 정렬됩니다.

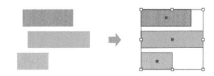

❷ Align to Key Object: 기준이 되는 오 브젝트의 중심으로 다른 오브젝트가 정 렬됩니다.

❸ Align to Artboard: 아트보드를 기준으 로 정렬됩니다.

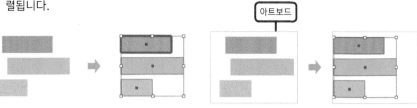

Distribute Spacing: 오브젝트 사이의 간격을 수치로 조절해 정렬합니다. 오브젝트를 선택 한 후 [Align To]에서 [Align to Key Object]를 선택한 후 기준이 될 오브젝트를 클릭하고 Spacing 부분에 간격을 입력합니다.

가로 간격 분배   세로 간격 분배

06

원 사이를 사각형으로 채워 보겠습니다. [툴] 패널에서 [사각형 툴 ◼]을 클릭합니다. 가장 왼쪽 원과 오른쪽 원 사이의 여백을 사각형으로 그립니다.

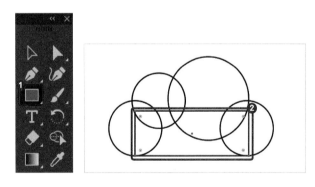

07 [Pathfinder] 패널로 오브젝트 합치기

[Pathfinder] 패널을 사용해 오브젝트를 합쳐 보겠습니다. [선택 툴 ▶]로 모든 도형을 선택한 후 [Window] 메뉴에서 [Pathfinder] 패널을 꺼냅니다. 그리고 [Unite]를 클릭하세요. 그러면 겹쳐 있던 도형이 하나로 합쳐집니다.

💧 [Pathfinder] 패널의 다른 항목은 91쪽에서 설명합니다.

08 마지막으로 [Window] 메뉴에서 [Swatches] 패널을 꺼냅니다. [Swatches] 패널에서 선 색을 비활성화한 후 면 색을 [CMYK Cyan]으로 선택하면 구름이 완성됩니다.

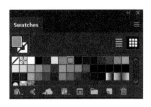 

09 물방울 그리기

이번에는 구름의 아래쪽에 물방울을 그려 보겠습니다. [원형 툴 ●]을 클릭한 후 Shift를 누른 채 드래그해 정원을 그립니다. [속성] 패널의 [Appearance]에서 다음과 같이 색을 설정하세요.

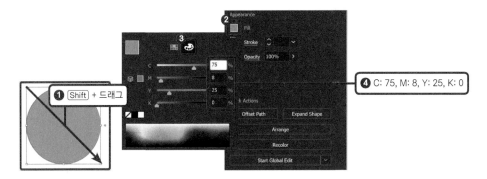

❶ Shift + 드래그

❹ C: 75, M: 8, Y: 25, K: 0

10 뾰족한 기준점으로 바꾸기

정원을 물방울 모양으로 바꾸려면 한쪽이 뾰족해야겠죠? [툴] 패널에서 [펜 툴 🖊]을 길게 눌러 [기준점 변형 툴 🅽]로 바꾼 후 정원 맨 위의 기준점을 클릭해 보세요. 그러면 윗부분의 둥근 형태가 뾰족한 형태로 바뀝니다.

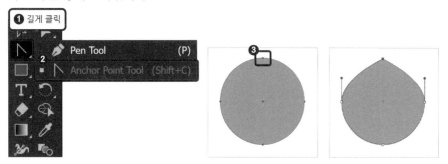

기능 사전 기준점 변형 툴

[펜 툴 🖊]을 마우스로 길게 클릭하면 나타나는 메뉴 중에서 [기준점 변형 툴 🅽]은 기준점을 변환해 주는 기능을 합니다. 기준점이 있는 뾰족한 부분을 둥글게 변환하려면 기준점을 클릭한 후 바깥쪽으로 드래그해야 합니다.

둥근 기준점을 다시 뾰족하게 만들려면 기준점을 클릭합니다. 양쪽 방향선이 없어지면서 뾰족한 기준점으로 바뀝니다.

11

뾰족하게 만든 기준점을 좀 더 변형해 보겠습니다. [툴] 패널에서 [직접 선택 툴 🅽]을 클릭한 후 (Shift)를 누르면서 위쪽 기준점을 위로 드래그해 뾰족하게 만듭니다.

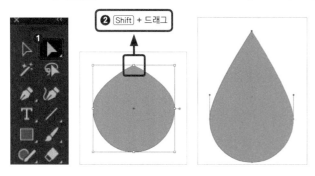

12 일정한 비율로 오브젝트 확대/축소하기

[선택 툴 ▶]로 물방울을 클릭한 후 구름 아래의 적당한 위치에 놓습니다. 그런 다음 (Shift)를 누르면서 물방울을 드래그해 작게 만듭니다.

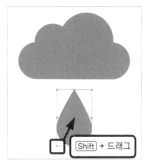

13 오브젝트 복사하기

[선택 툴 ▶]로 물방울을 클릭한 후 (Alt)를 누른 채 드래그해 옆으로 복사해 놓습니다. 같은 방법으로 물방울을 여러 번 복제해 완성합니다.

기능 사전   수평/수직으로 오브젝트 복제하기

오브젝트를 클릭한 후 (Alt)를 누른 채 드래그하면 복제할 수 있습니다. 한 걸음 더 나아가 오브젝트를 클릭한 후 (Alt)를 누른 채 드래그하면서 (Shift)를 누르면 수직/수평으로 복제됩니다.

03-2

부분을 나눠 그리면 쉽다!
─ 강아지 캐릭터 그리기

준비 파일 **3일_02_실습.ai** 완성 파일 **3일_02_완성.ai**

오늘
배울
기능

하나,   둘,

열린 패스 닫힌 패스 이해하기   오브젝트 합치기

· [펜 툴 🖋️]   · [Pathfinder] 패널

캐릭터 디자인은 크기에 구애받지 않고 표정이나 동작을 쉽게 수정해야 하므로 일러스트레이터에서 제작해야 합니다. 종이에 손으로 캐릭터를 그리는 것처럼 부분을 나눠 그리면 만들기도 쉽고 수정하기도 편리합니다. [도형 툴]을 사용하면 [펜 툴]로 일일이 그리지 않아도 쉽게 만들 수 있습니다.

하면 된다! ⟩

귀여운 강아지
캐릭터 그리기

영상 보기

01 실습 파일 열기

[File → Open]([Ctrl] + [O])을 선택해 '3일_01_실습.ai'를 불러옵니다. 앞으로 그릴 강아지의 몸통이 그려져 있습니다.

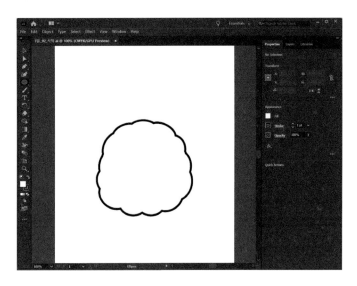

02 강아지 귀 그리기

아트보드의 빈 곳에 강아지 귀를 그려 보겠습니다. [원형 툴]을 클릭한 후 아트보드의 빈 곳에 드래그해 타원을 만듭니다.

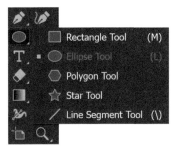

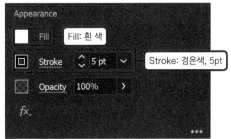

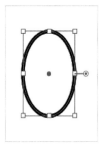

03

타원 한쪽을 뾰족하게 만들어 귀 모양으로 수정하겠습니다. [기준점 변형 툴 ▶]을 클릭한 후 타원형의 맨 위 기준점을 클릭합니다.

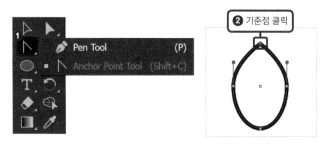

🌢 [기준점 변형 툴 ▶]은 [펜 툴 ✏]을 길게 눌러 꺼낼 수 있습니다.

04

강아지 귀는 뾰족하게 만든 타원의 윗부분만 필요하므로 아랫부분은 지우겠습니다. [직접 선택 툴 ▶]을 클릭하고 맨 아래 기준점을 클릭해 삭제합니다.

05

열린 패스는 닫힌 패스로 만들어야 합니다. [펜 툴 ✏]을 클릭한 후 아래 기준점을 클릭해 서로 이어 줍니다.

🌢 [펜 툴 ✏]이 보이지 않는다면 [기준점 변경 툴 ▶]을 길게 눌러 [펜 툴 ✏]로 변경해야 합니다. 또는 단축키 P를 누르세요.

열린 패스와 닫힌 패스

일러스트레이터의 모든 오브젝트는 패스로 이뤄져 있습니다. 패스의 종류에는 다음 그림처럼 시작점과 끝점이 이어진 '닫힌 패스'와 이어지지 않은 '열린 패스'가 있습니다. 면 색깔 없이 선으로만 이뤄진 작업물이라면 열린 패스로 그려도 상관없습니다. 하지만 선과 면을 함께 보여 주는 작업을 할 때는 반드시 닫힌 패스로 그려야 합니다.

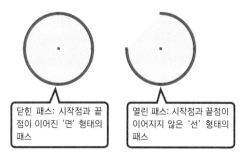

닫힌 패스: 시작점과 끝점이 이어진 '면' 형태의 패스

열린 패스: 시작점과 끝점이 이어지지 않은 '선' 형태의 패스

06 강아지 귀에 색상 넣기

귀의 형태를 잡았으므로 안쪽에 색을 넣어 꾸며 보겠습니다. 귀의 형태를 바탕으로 만드는 것이 쉽습니다. 오브젝트를 [선택 툴 ▶]로 선택한 후 Ctrl + C를 눌러 복제하고 Ctrl + F를 눌러 앞으로 붙여 넣습니다.

[Color] 패널에서 다음과 같이 설정하세요. 복제한 오브젝트를 Alt + Shift를 누른 채 드래그해 안쪽으로 크기를 줄입니다. 그런 다음 아래쪽 방향키 ↓를 눌러 가운데로 조절합니다.

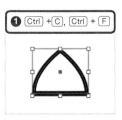

❶ Ctrl + C, Ctrl + F

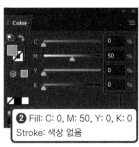

❷ Fill: C: 0, M: 50, Y: 0, K: 0
Stroke: 색상 없음

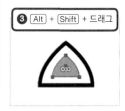

❸ Alt + Shift + 드래그

07 강아지 귀 붙이기

[선택 툴 ▶]로 귀 전체를 선택한 후 [회전 툴 ↻]을 더블클릭합니다. 팝업 창이 나타나면 다음과 같이 설정하세요. [선택 툴 ▶]로 귀를 몸통 위에 배치합니다.

❶ 더블클릭

❷ Angle: 30°

❸ 체크 표시

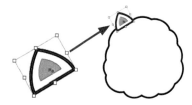

08 양쪽 귀 만들기

[선택 툴 ▶]로 귀 전체를 선택한 후 [반전 툴 ◁▷]을 클릭하고 (Alt)를 누른 채 가운데를 클릭합니다. 팝업 창이 나타나면 다음과 같이 설정하고 [Copy]를 누르세요.

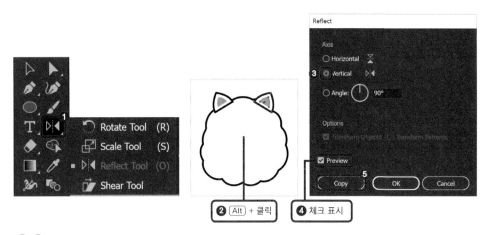

❷ (Alt) + 클릭   ❹ 체크 표시

09 강아지 귀와 몸통 합치기

그런데 귀와 몸통의 경계선 때문에 하나로 이어져 보이지 않네요. 선을 합쳐 보겠습니다. [선택 툴 ▶]로 양쪽 귀의 겉 부분과 몸통을 다중 선택한 후 [Window → Pathfinder → Unite]를 클릭합니다. 귀와 몸통은 합쳤지만, 한쪽 귓속이 몸통에 가려져 보이지 않는군요. 몸통을 선택한 채 (Ctrl) + ([)를 눌러 뒤로 보내세요. 귓속이 맨 앞으로 나타납니다.

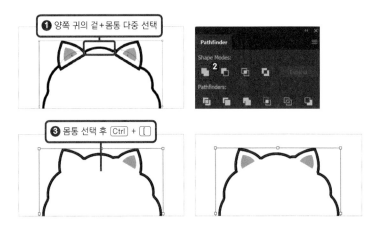

❶ 양쪽 귀의 겉+몸통 다중 선택

❸ 몸통 선택 후 (Ctrl) + ([)

2개 이상의 오브젝트를 새로운 모양으로 결합할 수 있는 [Pathfinder] 패널 알아 두기

[Pathfinder] 패널의 기능을 잘 활용하면 같은 작업도 좀 더 효율적으로 할 수 있습니다. 오른쪽 예시에서는 주황색, 파란색 세모 모양의 오브젝트를 겹쳐 뒀습니다. [Pathfinder] 패널의 아이콘을 하나씩 눌러 보면서 어떻게 변하는지 살펴보세요.

여러 오브젝트를 합치는 [Shape Modes] 옵션

❶ Unite: 오브젝트를 하나로 합칩니다.

❷ Minus Front: 앞에 있는 오브젝트는 지우고 뒤에 있는 오브젝트는 겹친 부분만 없앱니다.

❸ Intersect: 겹친 부분만 남깁니다.

❹ Exclude: 겹친 부분만 자릅니다.

❶ Unite ❷ Minus Front ❸ Intersect ❹ Exclude

겹친 패스를 이용해 오브젝트를 나누는 [Pathfinders] 옵션

❶ Divide: 겹친 패스의 영역을 모두 나눕니다.

❷ Trim: 겹쳐서 가려진 영역은 지우고 보이는 모양대로 나눕니다.

❸ Merge: 보이는 모양대로 나누면서 색이 같은 오브젝트는 합칩니다.

❹ Crop: 앞에 있는 오브젝트의 모양대로 아래 오브젝트를 나눈 후 겹친 부분만 살리고 나머지 부분은 삭제합니다.

❺ Outline: 겹친 오브젝트의 영역을 선으로 남깁니다.

❻ Minus Back: 뒤에 있는 오브젝트의 영역은 삭제하고 앞에 있는 영역만 남깁니다.

❶ Divide ❷ Trim ❸ Merge ❹ Crop ❺ Outline ❻ Minus Back

10 강아지 눈 그리기

강아지 눈을 그려 보겠습니다. 아트보드의 빈 곳에 [원형 툴 🔵]로 검은색 정원을 그립니다. [직접 선택 툴 ▶]을 클릭한 후 맨 위 기준점을 클릭하고 아래쪽 방향키[↓]를 세 번 눌러 납작한 모양을 만듭니다. 맨 아래 기준점을 선택한 후 다시 아래쪽 방향키[↓]를 다섯 번 눌러 그림과 같은 모양을 만듭니다. 이런 방식으로 눈 모양을 원하는 형태로 만드세요.

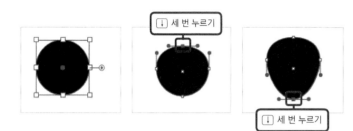

💧 [원형 툴 🔵]로 [Shift]를 누른 채 드래그하면 정원이 그려집니다.

11

[선택 툴 ▶]로 눈을 몸통 왼쪽 부분에 놓습니다. [Alt]를 누른 채 오른쪽으로 드래그해 복제합니다.

💧 [Alt]를 누르면서 드래그하는 중 [Shift]를 누르면 수평 방향으로 복제됩니다.

12 강아지 코 그리기

코를 만들어 보겠습니다. 눈을 복제해 가운데에 놓습니다. [선택 툴 ▶]로 안쪽으로 드래그해 코를 납작하게 만듭니다. 코를 [Alt] + [Shift]를 누른 채 바깥쪽으로 드래그해 약간 크게 만드세요.

13 강아지 입 그리기

입을 그려 보겠습니다. [원형 툴 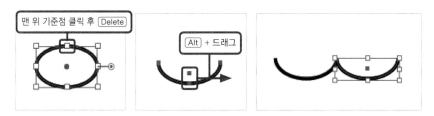]로 타원을 그립니다. [직접 선택 툴]로 맨 위 기준점을 클릭한 후 삭제합니다. Alt 를 누른 채 오브젝트를 오른쪽으로 드래그해 복제하면 입이 완성됩니다.

14

입을 코 밑의 가운데에 놓습니다. [속성] 패널의 [Appearance]에서 [Stroke]를 클릭해 다음과 같이 설정하세요. 그러면 입꼬리가 부드럽게 바뀝니다.

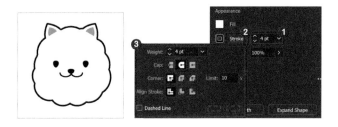

15 강아지 볼 그리기

볼을 그려 보겠습니다. [원형 툴]로 양 입 옆에 볼을 그려 줍니다. 볼 색상을 귓속 색상과 똑같이 만들기 위해 [스포이트 툴]을 선택한 후 귀를 눌러 분홍색으로 바꿉니다.

16 강아지 다리 그리기

다리를 그려 보겠습니다. [툴] 패널 아래에서 [Edit Toolbar ···]를 눌러 [Draw]의 [둥근 사각형 툴 ◉]을 꺼냅니다. [스포이트 툴 ✐]로 몸통을 클릭해 똑같은 색상으로 바꿉니다. 다시 [둥근 사각형 툴 ◉]을 클릭해 다리 한쪽을 그린 후 [Alt]를 누른 채 옆으로 드래그해 복제합니다. [선택 툴 ▶]로 두 다리를 선택한 후 [Ctrl] + [Shift] + [[]를 눌러 다리를 몸통 뒤로 보냅니다.

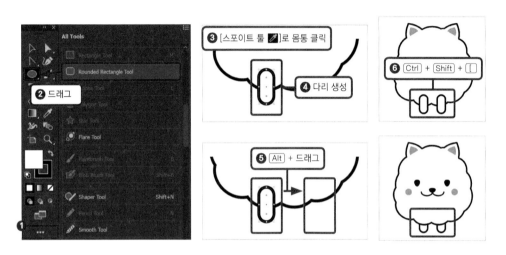

17 강아지 그룹화하기

[선택 툴 ▶]로 전체 이미지를 드래그해 선택한 후 그룹으로 만드세요.

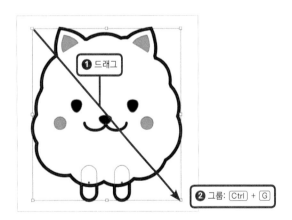

18 병아리 그리기

이제 강아지 머리 위에 올릴 병아리를 그려 보겠습니다. [원형 툴 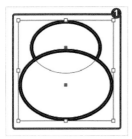]로 타원형 2개를 그리고 겹치세요. [Pathfinder] 패널에서 [Unite]를 클릭해 합칩니다.

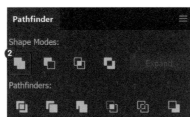
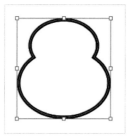

19 병아리 몸통을 강아지 머리 위에 올려놓습니다. 몸통의 색상은 [속성] 패널의 [Appearance]에서 다음과 같이 설정하세요.

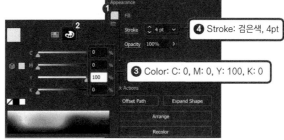

20 병아리 눈 그리기

병아리 눈을 그려 보겠습니다. 병아리 눈을 그리는 방법은 강아지와 똑같습니다. [원형 툴]로 검은색 정원을 그린 후 [직접 선택 툴]을 클릭하고 왼쪽 기준점을 클릭한 다음 오른쪽 방향키 ⟶를 눌러 원하는 모양을 만듭니다. 오른쪽 기준점을 선택한 후 다시 오른쪽 방향키 ⟶를 눌러 그림과 같이 눈 모양을 만듭니다.

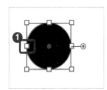

21

눈을 병아리 머리의 왼쪽 부분에 배치합니다. [반전 툴 ◁] 을 클릭한 후 Alt 를 누른 채
머리 가운데를 클릭합니다. 팝업 창이 나타나면 다음과 같이 설정하세요.

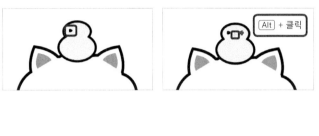

22 병아리 부리 만들기

병아리 눈 밑에 부리를 만들어 보겠습니다. [원형 툴 ◯]을 클릭해 검은색 선으로 긴 타원을
만듭니다. 강아지 귀를 만들었던 것처럼 [기준점 변형 툴 ◣]을 클릭한 후 맨 위 기준점을 클
릭합니다. 그런 다음 아래 기준점을 클릭합니다.

23

부리를 눈 사이에 놓습니다. 그리고 선을 설정합니다. [Appearance] 패널에서 다음과 같
이 설정하세요.

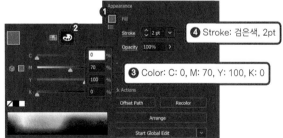

24

[펜 툴]로 오리의 부리 가운데에 선을 긋습니다. 부리와 마찬가지로 선을 설정합니다.
[선택 툴]로 전체 오브젝트를 선택한 후 그룹으로 만들어 완성합니다.

선 색: 검은색
굵기: 2pt

그룹 단축키: Ctrl + G

내가 그린 캐릭터로 스마트폰 배경 화면을 만들 수 있습니다. 새 파일을 만든 후 앞에서 그린 캐릭터를 자유롭게 배치합니다. JPEG 이미지로 저장해 스마트폰에서 배경 화면으로 설정해 보세요.

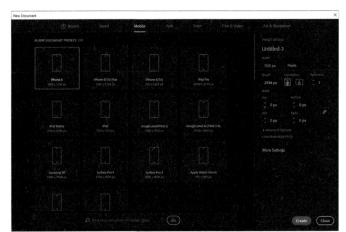

[New Document]에서 [Mobile]을 클릭하면 다양한 기종의 스마트폰 크기가 나타납니다. 알맞은 크기를 선택해 만들어 보세요!

복습 | 10분 만에 만들어야 한다!

'3일_02_복습.ai'를 불러와 생일
카드를 완성해 보세요!

준비 파일 3일_02_복습.ai
완성 파일 3일_02_복습완성.ai

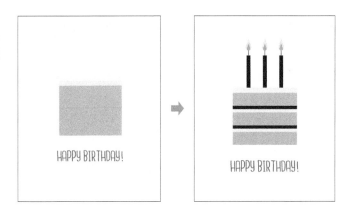

4일차

조회 수가 늘어나는
유튜브 섬네일 만들기

04-1

레트로 로고 만들기

준비 파일 4일_01_실습.ai 완성 파일 4일_01_완성.ai 글꼴 에스코어 드림, Loster 1.4

오늘 배울 기능	하나, 글자 입력하기	둘, 글자 조정하기	셋, 정렬하기
	·[글자 툴 **T**]	·[Character] 패널	·[Align] 패널

하면 된다!♪

레트로 로고 만들기

영상 보기

01 실습 파일 열기

[File → Open]([Ctrl] + [O])을 선택해 '4일_01_실습.ai'를 불러
옵니다.

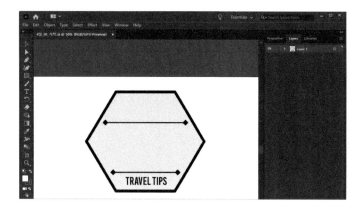

02 글자 입력하기

[글자 툴 T]을 선택한 후 도형 가운데에 '쿠바여행 꿀팁!'을 입력합니다.

기능 사전

'Lorem ipsum'이라는 글씨가 나타나요!

일러스트레이터에서 처음에 [글자 툴 T]을 선택한 후
아트보드를 클릭하면 'Lorem ipsum'이라는 글자가
나타납니다. 'Lorem ipsum'이라는 [글자 툴 T]을
사용한 시점의 설정으로, 임의로 입력된 글입니다. 그
래픽 분야에서 레이아웃을 보기 위해 글을 미리 채워
보는 용도로 사용하죠.

이 기능을 끄고 싶다면 [Edit → Preferences →
Type]을 선택한 후 맨 아래에 위치한 [Fill New Type
Objects With Placeholder Text]의 체크 표시를 해제하면 됩니다.

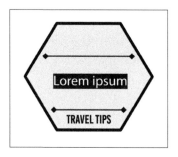

03

[툴] 패널에서 [선택 툴 ]을 클릭한 후 글자를 선택합니다. [속성] 패널의 [Character]에서 글꼴과 글자 크기를 설정하세요. 글자를 다시 선택한 후 [Align] 패널에서 도형 가운데에 놓으세요.

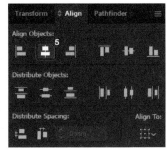

💧 글꼴 설치 방법은 321쪽을 참고하세요.

기능 사전

도형 기준으로 글자를 가운데 정렬로 맞추고 싶을 때!

아트보드나 전체 오브젝트의 기준이 아닌, 특정 오브젝트를 기준으로 오브젝트를 정렬하고 싶을 때는 어떻게 해야 할까요? 노란색 육각형을 기준으로 글자를 가운데로 정렬해 보겠습니다. [선택 툴 ]로 글자와 육각형을 선택한 후 기준이 될 도형을 Alt 를 누른 채 클릭하세요. [Align]을 클릭하면 기준이 된 육각형을 기준으로 글자가 가운데로 정렬됩니다.

04 레트로 로고 만들기

로고를 제작할 아트보드를 만들어 보겠습니다. [툴] 패널에서 [아트보드 툴 🗗]을 선택한 후 [속성] 패널에서 [New Artboard 🔳]를 클릭합니다. 기존의 아트보드 옆에 하나 더 추가됐습니다.

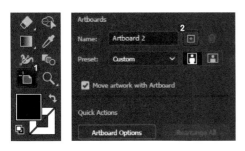

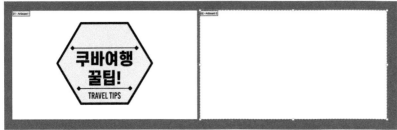

05 먼저 레트로 로고의 중앙에 넣을 로고를 만들어 보겠습니다. [툴] 패널에서 [원형 툴 ⬤]을 선택한 후 새로 만든 아트보드에 클릭해 검은색 원을 만듭니다.

🔵 [원형 툴 ⬤]을 선택한 후 (Shift)를 누른 채 드래그해도 원을 그릴 수 있습니다. 이렇게 그릴 경우 컨트롤 패널에서 Width와 Height의 값을 조절해야 합니다.

06 원형에 지그재그 효과 주기

평범한 원형에 효과를 주어 바깥선을 지그재그로 만들어 보겠습니다. 만든 원을 [선택 툴 ▶]로 선택한 후 [Effect → Distort & Transform → Zig Zag]를 선택합니다. 팝업 창이 나타나면 다음과 같이 설정하세요.

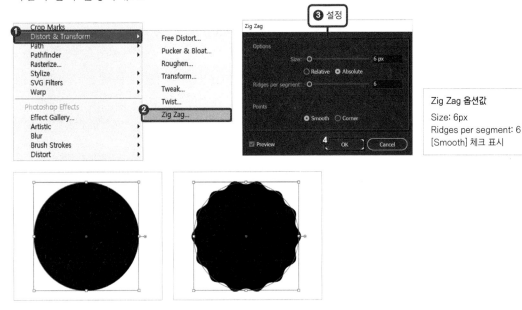

Zig Zag 옵션값
Size: 6px
Ridges per segment: 6
[Smooth] 체크 표시

기능 사전

효과 수정 또는 삭제하기

[Window → Appearance]를 클릭해 나타난 [Appearance] 패널에서 적용한 효과를 수정하거나 삭제할 수 있습니다.

오브젝트에 이미 적용한 효과의 옵션값은 손쉽게 변경할 수 있습니다. 효과를 수정하려면 [속성] 패널의 [Appearance]에 보이는 효과 이름을 클릭하세요.

[Appearance] 패널에서 해당 효과 옆의 휴지통 🗑을 클릭하면 적용된 효과가 삭제됩니다.

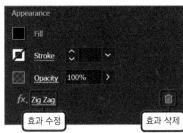

07 효과가 적용된 오브젝트를 패스로 만들기

오브젝트에 어떤 효과를 적용했을 때나 다른 컴퓨터에서 파일을 열었을 때 효과가 적용되지 않을 수도 있습니다. 따라서 오브젝트를 패스로 만드는 작업 과정을 반드시 거쳐야 합니다. 오브젝트를 클릭한 후 [Object → Expand Appearance]를 선택합니다.

08 오브젝트에 구멍 뚫기

도형 가운데에 [원형 툴 ◉]을 사용해 원을 적당한 크기로 그립니다. 이때 원을 클릭하고 Shift와 Alt를 눌러 크기를 조절하면 좀 더 정확하게 작업할 수 있습니다. [선택 툴 ▶]로 오브젝트 전체를 선택한 후 [Pathfinder] 패널에서 [Minus Front]를 선택해 원 부분을 삭제합니다.

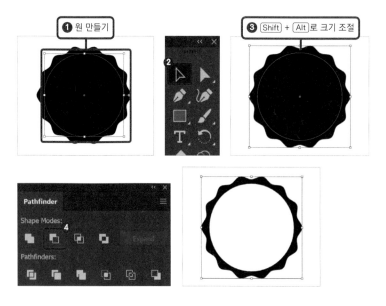

09

[원형 툴 ◉]로 가운데에 좀 더 작은 원을 그립니다. [속성] 패널의 [Appearance]에서 다음과 같이 설정하세요.

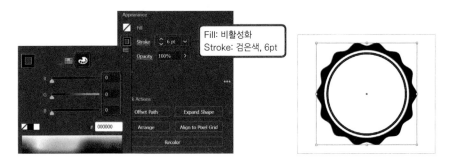

Fill: 비활성화
Stroke: 검은색, 6pt

10 글자 넣기

[툴] 패널에서 [글자 툴 **T**]을 선택한 후 원 가운데를 클릭해 'Tripper'를 입력합니다. [속성] 패널의 [Character]에서 다음과 같이 설정하세요.

❷ 'Tripper' 입력

11

10과 같은 방법으로 내용을 추가해 보겠습니다. [글자 툴 **T**]을 이용해 'Tripper' 위에 'The'를 추가 입력하고 가운데로 이동합니다. 밑에는 'EST.2000'을 입력하고 가운데 아래로 옮깁니다.

❶ 'The' 입력

❷ 'EST.2000' 입력

12 선 그리기

[툴] 패널에서 [선 툴 ▨]을 선택한 후 'EST.2000'의 위와 아래에 선을 그립니다. [속성] 패널에서 다음과 같이 설정하세요.

13 별 그리기 - [별 툴]

[별 툴 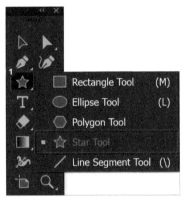]을 이용해 'The'의 왼쪽 상단에 작은 별을 그립니다. [선택 툴 ▶]로 별 3개를 복제한 후 가운데에 놓아 로고를 완성합니다.

유튜브 섬네일 만들기

준비 파일 **4일_02_실습.ai** 완성 파일 **4일_02_완성.ai** 글꼴 에스코어 드림, Loster 1.4

오늘
배울
기능

하나,

블러(흐려짐) 효과 주기

둘,

글자를 패스로 바꾸기

· Blur

· Create Outlines

하면 된다!⟩

만든 로고를 활용해
섬네일 만들기

영상 보기

01 실습 파일 열기

앞에서 작업한 내용에 이어서 실습해 보겠습니다. 만약 앞의
실습을 생략했다면 '4일_02_실습.ai'를 불러옵니다.

02 새 레이어 만들기

로고와 분리해 작업해야 하므로 새 레이어를 만듭니다. 레이어 패널에서 [새 레이어 🔲]를 클
릭해 Layer 2를 만듭니다. [File → Place]를 선택해 '4일_쿠바배경.jpg'를 불러옵니다. 노란
육각형이 있는 'Artboard 1'에 마우스 커서를 왼쪽 위의 모서리에 놓고 클릭합니다. 배경 화
면이 아트보드 중심에 맞게 위치합니다.

2 클릭

1 클릭

03 이미지에 블러 효과 주기

이미지가 지나치게 선명하면 눈에 잘 띄므로 블러 효과를 적용해 보겠습니다. [Effect → Blur →
Gaussian Blur]를 선택합니다. 팝업 창이 나타나면 다음과 같이 설정하세요. 이미지가 흐려
진 것을 확인할 수 있습니다.

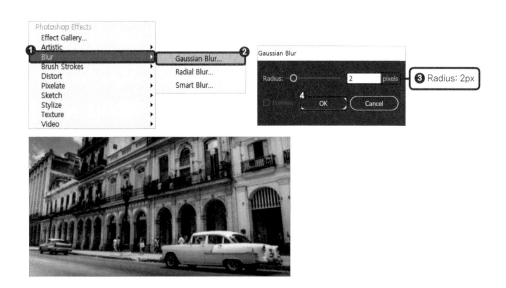

04 레이어 이동하기

그런데 앞에서 만든 로고가 이미지에 가려서 보이지 않습니다. [Layers] 패널에서 [layer 2] 레이어를 아래로 드래그해 [로고] 레이어 아래로 이동시키세요. [Layer 1] 레이어에 있는 오브젝트만 선택하기 쉽게 [Layer 2] 레이어는 잠급니다. 감춰졌던 로고가 이미지 위로 나타납니다.

05 레트로 로고 넣기

두 번째 아트보드에 만든 레트로 로고를 유튜브 섬네일로 이동시키겠습니다. [선택 툴 ▶]로 레트로 로고 전체를 선택한 후 [크기 조절 툴 ▣]을 더블클릭해 다음과 같이 설정하세요.

Scale 옵션값

Uniform: 25%
[Scale Corners]: 체크 표시
[Scale Stroke & Effect]: 체크 표시

06 레트로 로고를 쿠바여행 위쪽의 가운데 공간에 놓으세요. [직접 선택 툴 ▶]로 노란색 도형을 클릭합니다. 도형을 반투명하게 만들어 보겠습니다. [속성] 패널에서 Opacity를 조절하세요. 로고가 반투명하게 바뀌었습니다.

07 글자를 패스로 바꾸기

마지막으로 다른 컴퓨터에서는 우리가 사용한 글꼴이 없을 수 있으므로 글자를 패스로 바꿔야 합니다. 전체 오브젝트를 선택한 후 [Type → Create Outlines]를 선택해 완성합니다.

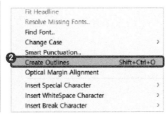

💧 Outlines로 만들기 전에 파일을 다른 이름으로 저장해 두면 수정할 때 편리합니다.

08 레트로 섬네일 유튜브에 올리기

이제 섬네일을 활용해야겠죠? 지금까지 만든 섬네일을 저장한 후 유튜브에 올려 보겠습니다. 유튜브에 올릴 섬네일을 JPEG 형태로 저장하세요. 만든 섬네일을 활용해 업로드할 동영상에 어울리게 만드세요. 섬네일도 유튜브 가이드에 따라 제작한 영상과 함께 업로드하세요!

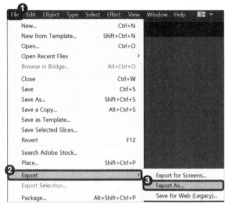

업로드할 때 이미지 용량은 2MB를 초과할 수 없으므로 유의하세요.

복습 | 10분 만에 만들어야 한다!

‘4일_02_복습.jpg’를 불러와 섬네
일을 완성해 보세요!

준비 파일 4일_02_복습.jpg
완성 파일 4일_02_복습완성.ai

5일차

라벨과 카드 뉴스로
정보 전달하기

구부리고 왜곡하면 달라 보인다!
─ 라벨 만들기

완성 파일 5일_01_완성.ai

오늘 배울 기능	하나, 패스 확인하기	둘, 오브젝트 구부리기	셋, 오브젝트를 패스로 만들기
	·Outlines	·Make with Warp	·Expand

사람들의 시선을 끌거나 강조하고 싶은 문구가 있을 때는 라벨을 사용하는 것이 좋습니다. 라벨은 전단지, 포스터, 메뉴판, 광고 배너 등에 많이 쓰이죠. 라벨은 기본적인 [도형 툴]로 모양을 만든 후 [Make with Wrap] 기능을 사용해 구부리거나 왜곡해 만들 수 있습니다. 이때 중요한 점은 변형된 모습을 다시 패스로 만들어야 한다는 것입니다. 한 번 만들어 두면 계속 유용하게 사용할 수 있는 라벨을 만들어봅시다.

하면 된다!♪

여기저기 활용도 높은 라벨 만들기

영상 보기

01 새 아트보드 생성하기

일러스트레이터를 실행하거나, 이미 실행 중이라면 [File → New](Ctrl + N)를 선택합니다. 팝업 창이 나타나면 다음과 같이 설정한 후 [Create]를 클릭합니다.

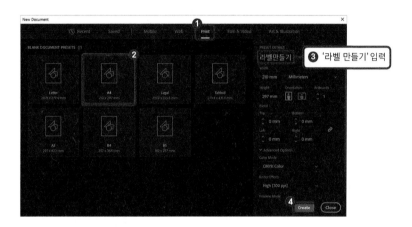

02 라벨 만들기

기본 리본 라벨을 만들어 보겠습니다. [사각형 툴 ■]을 선택한 후 긴 직사각형을 그립니다. [Window → Color]를 눌러 [Color] 패널을 불러온 후 다음과 같이 설정하세요.

② 드래그

Color 옵션값
C: 0
M: 65
Y: 100
K: 0

03

라벨이 접힌 부분을 만들어 보겠습니다. 다음 그림처럼 [사각형 툴 ▣]로 앞에서 그린 사각형 아래에 작은 직사각형을 만들고 [선택 툴 ▶]을 이용해 왼쪽 끝 선에 맞춰 배치합니다. [Color] 패널에서 색상을 바꿉니다.

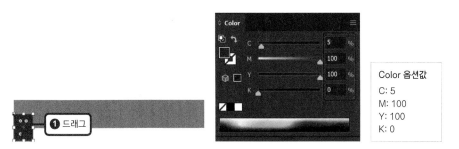

Color 옵션값
C: 5
M: 100
Y: 100
K: 0

❶ 드래그

04 패스 수정하기

이제 모양을 세밀하게 수정해 보겠습니다. 먼저 Outline 상태를 정확히 보기 위해 [View → Outline]을 선택합니다. 그러면 면과 선 색상이 적용되지 않은 순수한 패스로 보이므로 수정하기 쉽습니다. [직접 선택 툴 ▶]을 선택한 후 작은 직사각형의 왼쪽 아래 기준점을 큰 직사각형의 아래 선까지 드래그합니다. 작은 직사각형을 맨 뒤로 보낸 후 원래 상태로 돌아옵니다.

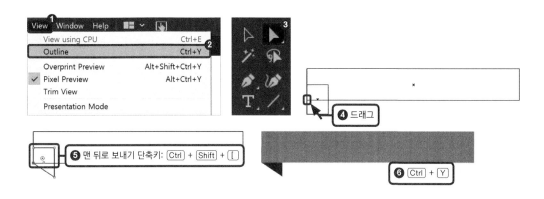

View	Window	Help	
View using CPU			Ctrl+E
Outline			Ctrl+Y
Overprint Preview			Alt+Shift+Ctrl+Y
✓ Pixel Preview			Alt+Ctrl+Y
Trim View			
Presentation Mode			

❹ 드래그

❺ 맨 뒤로 보내기 단축키: Ctrl + Shift + [

❻ Ctrl + Y

기능 사전

오브젝트가 겹쳐 잘 보이지 않는다면? - Outline

[View → Outline]을 누르면 모든 오브젝트를 면과 선 색상이 적용되지 않은 순수한 패스 상태로 보여 줍니다. 가장 단순한 형태로 보이므로 패스의 연결 상태와 위치 등을 확인할 때 유용합니다. Ctrl + Y를 다시 누르면 Preview 상태로 볼 수 있습니다.

05 라벨의 접힌 부분을 만들었으므로 뒤로 보이는 라벨을 그려 보겠습니다. [선택 툴 ▶]로 큰 직사각형을 선택한 후 아래로 드래그해 복제합니다. 크기 조절 점을 안쪽으로 드래그해 가로 길이를 그림과 같이 줄입니다. 뒤쪽에 보이는 라벨이므로 색상을 조금 조정하겠습니다. [Color] 패널에서 면 색을 좀 더 어둡게 만드세요.

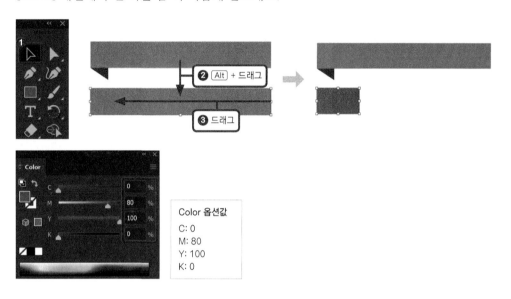

Color 옵션값

C: 0
M: 80
Y: 100
K: 0

06 앞에서 만들었던 직사각형의 아래 끝 선에 맞춰 옮기고 오브젝트를 맨 뒤로 보냅니다. 오브젝트가 잘 놓였는지 Outline 상태로 확인합니다. 그런 다음 다시 눌러 Preview 상태로 돌아옵니다.

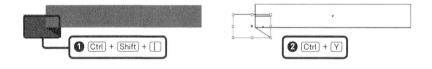

07 리본 모양 수정하기

리본의 끝 부분을 뽀족하게 만들어 보겠습니다. [툴] 패널 아래에 있는 [Edit Toobar]를 눌러 [Draw]의 [기준점 추가 툴 ⬧]을 꺼냅니다. 모양을 변형하기 위해 [기준점 추가 툴 ⬧]을 선택한 후 가운데 부분을 클릭합니다. [직접 선택 툴 ▶]로 추가한 기준점을 클릭해 안쪽으로 드래그하면서 모양을 만듭니다.

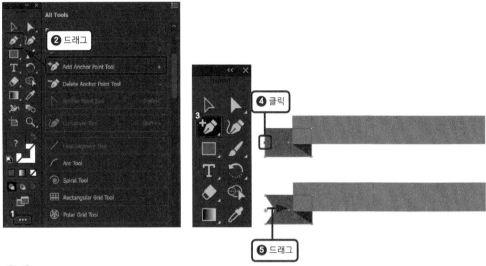

08 반대쪽 리본 완성하기

반대쪽도 이와 똑같이 만들어 보겠습니다. [선택 툴 ▶]로 뒤의 오브젝트 2개를 선택한 후 [반전 툴 ◀▶]을 클릭합니다. 긴 사각형의 가운데 부분을 클릭합니다. 팝업 창이 나타나면 다음과 같이 설정하세요. 오브젝트를 전체 선택한 후 그룹으로 묶습니다.

중간 지점을 클릭하기 힘들다면 [View → Smart Guides]로 설정돼 있는지 확인하세요!

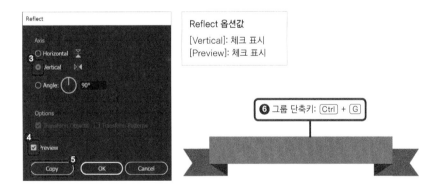

Reflect 옵션값
[Vertical]: 체크 표시
[Preview]: 체크 표시

09 구부러진 리본 배너 만들기

앞에서 만든 기본 리본 배너를 바탕으로 구부러진 리본 배너를 만들어 보겠습니다. [선택 툴 ▶]로 전체 오브젝트를 선택한 후 아래로 복제합니다. 그룹을 해제한 후 [Color] 패널에서 각각 색을 바꾸겠습니다.

🔹 그룹 해제 단축키: Ctrl + Shift + G

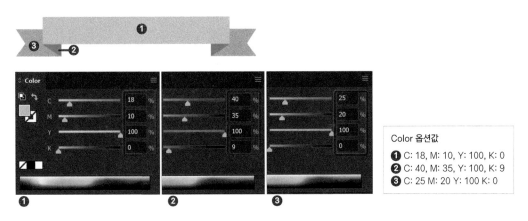

Color 옵션값
❶ C: 18, M: 10, Y: 100, K: 0
❷ C: 40, M: 35, Y: 100, K: 9
❸ C: 25 M: 20 Y: 100 K: 0

10 리본 라벨 구부리기 - [Make with Warp]

색을 바꾼 리본 배너를 구부려 보겠습니다. [선택 툴 ▶]로 오브젝트 전체를 선택한 후 [Object → Envelop Distort → Make with Warp]를 클릭합니다.

🔹 [Make with Warp]는 124쪽에서 자세히 설명합니다.

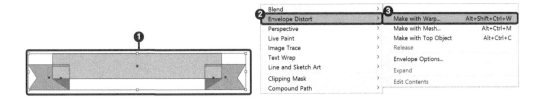

11 팝업 창이 나타나면 다음과 같이 설정하세요.

Warp 옵션값
Style: [Arc], [Horizontal]
Bend: 25%
[Preview]: 체크 표시

12 오브젝트를 패스로 만들기 - [Expand]

효과가 적용된 오브젝트를 패스로 만들기 위해 [Expand]를 사용하겠습니다. [Object → Expand]를 선택한 후 다음과 같이 설정하세요. 이렇게 하면 효과를 적용한 결과대로 패스가 만들어져 섬세하게 작업할 수 있습니다.

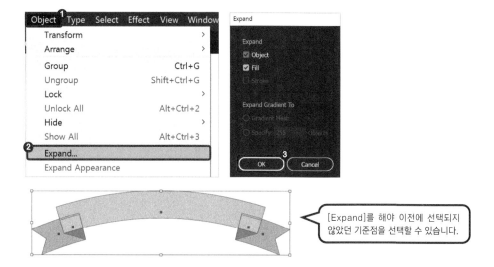

[Expand]를 해야 이전에 선택되지 않았던 기준점을 선택할 수 있습니다.

기능 사전

[Expand]와 [Expand Appearance]의 차이점

[Object] 메뉴에서 선택할 수 있는 두 기능은 비슷하지만, 서로 다른 경우에 사용합니다. 먼저 [Expand]는 다음과 같이 [펜 툴 ✏️]이나 [연필 툴 ✏️]로 그린 선을 패스로 만들 때 사용합니다.

[Expand Appearance]는 [Appearance]에 넣은 효과를 적용해 패스를 만들 때 사용합니다.

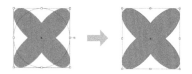

두 경우 모두 화면에서 보이는 모양대로 패스를 만드는 역할을 합니다. 따라서 수정 작업을 마치고 최종 결과물을 만들기 전에 이 과정을 반드시 거쳐야 합니다.

$\underline{13}$ 방패 모양 라벨 만들기

마지막으로 방패 모양의 라벨을 만들어 보겠습니다. [사각형 툴 ■]을 선택한 후 직사각형을 그립니다. [Color] 패널에서 다음과 같이 설정하세요.

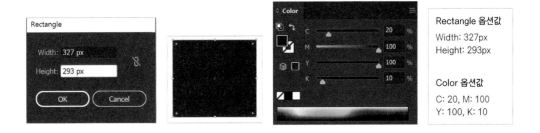

$\underline{14}$ 직사각형에서 방패 모양으로 바꿔 보겠습니다. [기준점 추가 툴 ◆]을 선택한 후 오브젝트의 가운데 아래를 클릭합니다. 아래쪽 방향키 ↓ 를 눌러 기준점을 밑으로 내립니다.

$\underline{15}$ 방패 모양 왜곡하기

앞에서 구부러진 리본을 만든 것처럼 방패 모양도 왜곡해 보겠습니다. [Object → Envelop Distort → Make with Warp]를 선택한 후 팝업 창이 나타나면 다음과 같이 설정하세요. 왜곡한 방패를 패스로 만들기 위해 [Expand]를 선택한 후 팝업 창이 나타나면 [OK]를 클릭합니다.

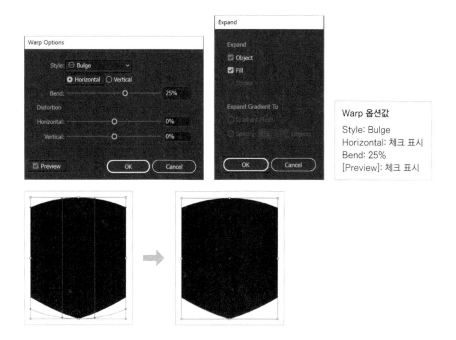

Warp 옵션값

Style: Bulge
Horizontal: 체크 표시
Bend: 25%
[Preview]: 체크 표시

16 방패 안에 바깥 선을 넣어 꾸며 보겠습니다. [Object → Path → Offset Path]를 선택
합니다. 팝업 창이 나타나면 다음과 같이 설정하세요. [속성] 패널의 [Appearance]에서 다음
과 같이 설정하세요.

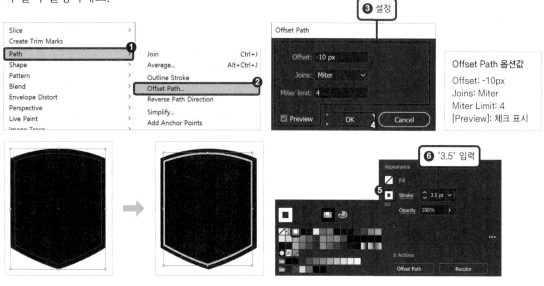

Offset Path 옵션값

Offset: -10px
Joins: Miter
Miter Limit: 4
[Preview]: 체크 표시

17 처음 만들었던 기본 리본 모양을 복제해 오브젝트 위에 배치합니다. 리본 모양의 접힌 부분이 방패 안쪽으로 들어오도록 크기를 조절합니다. 좀 더 세밀하게 조정하기 위해 기본 리본 모양을 클릭한 후 그룹을 해제합니다. 그런 다음 [선택 툴 ▶]로 양쪽의 접힌 오브젝트와 맨 뒤의 오브젝트를 선택하고 맨 뒤로 보내 완성합니다.

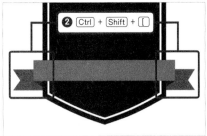

배운 내용을 잘 활용해 다양한 라벨을 만들어 보세요! 이렇게 만든 라벨은 제품 디자인뿐만 아니라 유튜브 섬네일, 웹사이트 꾸미기 등 다양한 곳에 사용할 수 있습니다.

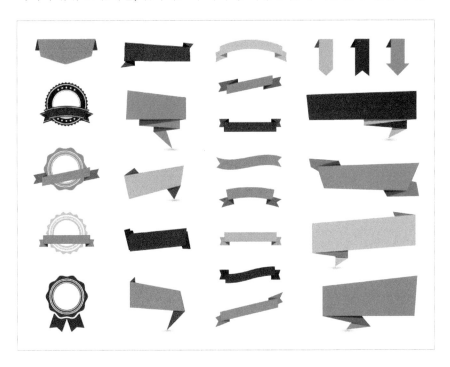

[Make with Wrap]로 문자와 이미지 왜곡하기

[Make with Wrap]는 글자는 물론, 오브젝트와 이미지에도 적용할 수 있습니다. [Wrap Options] 창에 관한 설명과 Style에 따라 글자의 모양이 어떻게 달라지는지 알아봅시다.

❶ Style: 왜곡 스타일을 선택하고 가로 또는 세로 방향으로 왜곡할 수 있습니다.

❷ Bend: 값이 클수록 바깥쪽, 작을수록 안쪽으로 구부려집니다.

❸ Horizontal: 값이 클수록 오른쪽, 작을수록 왼쪽으로 왜곡됩니다.

❹ Vertical: 값이 클수록 위, 작을수록 아래로 왜곡됩니다.

Arc

Bulge

Flag

Inflate

Squeeze

복습 | 10분 만에 만들어야 한다!

앞에서 만든 예제를 활용해
특별한 스티커를 만들어 보세요!

05-2

SNS에서 시선을 사로잡는
카드 뉴스 만들기

준비 파일 5일_02_실습.ai 완성 파일 5일_02_완성.ai 글꼴 에스코어드림, Tmon몬소리 Black

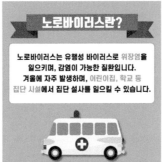

오늘
배울
기능

하나,

그림자 넣기

둘,

모서리 둥글게 만들기

·Drop Shadow

·라이브 코너 위젯

SNS를 자주 이용하는 분이라면 카드 뉴스에 익숙하실 겁니다. 카드 뉴스는 제품을 홍보하거나 정보를 전달하는 데 활발하게 사용되죠. 이번에는 카드 뉴스를 만들어 보겠습니다.

하면 된다!♪

노로바이러스 예방법
카드 뉴스 만들기

영상 보기

01 실습 파일 열기

[File → Open](Ctrl + O)을 선택해 '5일_02_실습.ai'를 불러옵니다.

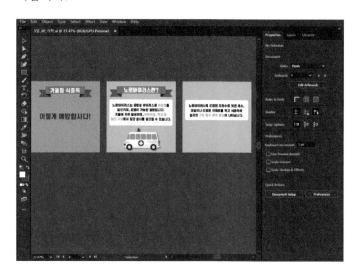

02 첫 페이지 - 타이틀 입력하기

첫 페이지에 타이틀을 입력하겠습니다. [문자 툴 T]을 선택한 후 라벨 밑에 '노로바이러스'를 입력합니다. [툴] 패널에서 면 색을 '흰색'으로 선택합니다.

🔹 파일 불러오기: Ctrl + O

03

[속성] 패널의 [Character]에서 다음과 같이 설정합니다. [Align] 패널을 사용해 타이틀을 아트보드의 가운데로 배치합니다.

🖐 패널을 꺼내려면 [Window → Character] 선택

Character 옵션값
Tmon몬소리 Black
112pt

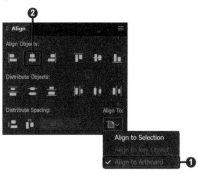

04 그림자 만들기

글자가 뚜렷하게 보이도록 그림자를 만들어 보겠습니다. [속성] 패널의 [Effect *fx.*]를 누르고 [Stylize → Drop Shadow]를 클릭합니다. 팝업 창이 나타나면 다음과 같이 설정하세요.

Drop Shadow 옵션값
Opacity: 37%, X Offset: 7px
Y Offset: 7px, Blur: 3px

메뉴 바에서는 [Effect → Stylize → Drop Shadow] 선택

기능 사전

글자를 강조할 때 효과적인 그림자
글자를 강조할 때 그림자를 넣어 보세요.

❶ Mode: 모드를 선택합니다.
❷ Opacity: 투명도를 조절합니다.
❸ X, Y Offset: X, Y축을 나타냅니다.

05 첫 페이지에 아이콘을 넣어 보겠습니다. '5일_02_이미지.ai'를 불러온 후 사람 아이콘을 복사해 갖고 옵니다. 첫 페이지의 가운데 아래쪽에 배치해 완성합니다.

06 두 번째 페이지 - 내용 입력하기

두 번째 페이지에는 노로바이러스의 정의를 텍스트로 입력해 보겠습니다. 먼저 내용 뒤에 위치할 프레임을 만들겠습니다. [사각형 툴 ⬛]을 선택한 후 아트보드를 클릭합니다. 팝업 창이 나타나면 다음과 같이 설정합니다.

07 [Color] 패널에서 면 색은 '흰색', 선 색은 다음과 같이 설정하세요. [속성] 패널의 [Appearancen]에서 [Stroke]를 설정하세요.

08 모서리 둥글게 만들기

프레임 모서리를 둥글게 만들겠습니다. [직접 선택 툴 ▶]을 선택한 후 사각형 모서리에 있는
[라이브 코너 위젯 ◉]에 마우스 커서를 올려놓으면 ▶ 모양이 됩니다. [라이브 코너 위젯 ◉]
을 안쪽으로 드래그하면 모서리가 둥글게 바뀝니다.

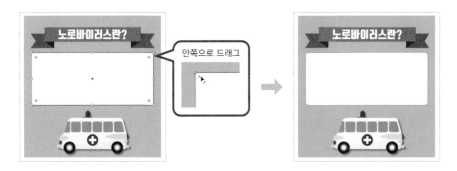

09

문구를 넣을 글상자를 만들어 보겠습니다. [사각형 툴 ■]을 선택한 후 흰색 프레임 안
에 들어가도록 오른쪽과 같이 직사각형을 만드세요.

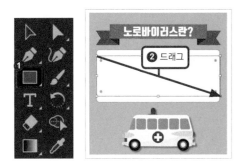

10 글상자 안에 문구 내용 채우기

글상자 안에 문구를 채워 보겠습니다. [툴] 패널 아래의 [Edit Toobar]를 눌러 [Type]의 [영역
글자 툴 ▣]을 꺼냅니다. '5일_02_문장.txt' 파일을 열어 문구를 복사합니다. 글상자 맨 위의
왼쪽 모서리 부분을 클릭하고 복사한 문구를 붙여 넣습니다.

11 문구를 글상자에 맞게 조절하겠습니다. 글자색을 검은색으로 만든 후 [속성] 패널의 [Character]에서 다음과 같이 설정하세요. 글상자를 흰색 프레임의 중간에 맞추세요.

12 문구 내용 가운데 중요 단어를 강조하기 위해 색을 변경해 보겠습니다. [속성] 패널의 [Appearance]에서 다음과 같이 설정하세요.

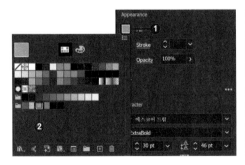

13 세 번째 페이지를 완성하겠습니다. 두 번째 페이지의 라벨과 문구를 [선택 툴 ▶]로 선택한 후 복제합니다. 세 번째 페이지의 아트보드를 클릭한 후 라벨과 문구를 앞으로 붙여 넣습니다.

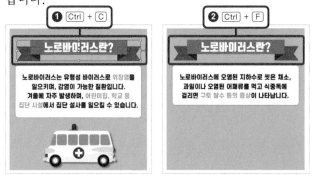

14 타이틀 변경하기

복제한 타이틀을 바꾸겠습니다. [글자 툴 **T**]을 선택한 후 타이틀을 두 번 클릭해 글자를 전체 선택합니다. 다음과 같이 타이틀을 변경합니다.

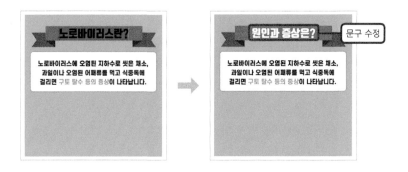

15 첫 페이지의 아이콘을 넣겠습니다. '5일_02_이미지.ai'의 다음 아이콘을 복제해 갖고 옵니다. 아트보드의 가운데 아래쪽에 배치해 완성합니다.

16

작은 네모 칸에 알맞은 예방법 문구를 넣겠습니다. 왼쪽 위의 문구를 오른쪽과 아래쪽으로 복제한 후 변경하세요. 색상은 [속성] 패널의 [Appearance]에서 다음과 같이 설정하세요.

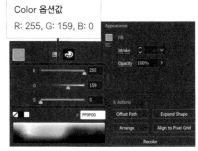

17

예방법에 들어갈 이미지를 넣겠습니다. [Window → Place]를 눌러 'kittle.png', 'pot.png'를 불러옵니다. 이미지 크기를 알맞게 조절해 다음과 같이 배치해 완성하세요.

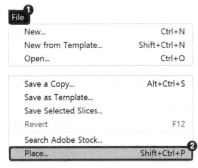

18 예제 활용하기

완성한 카드 뉴스를 응용해 SNS에
올려 보세요!

모서리가 둥근 도형 만들기

일러스트레이터에서 도형의 모서리를 둥글게 만드는 방법은 다양합니다. 먼저 일러스트레이터 버전을 확인하고 편리한 방법으로 만들어 보세요.

라이브 코너 위젯(일러스트레이터CC 버전)

[직접 선택 툴 ▶]로 오브젝트를 클릭하면 [라이브 코너 위젯 ◉]이 나타납니다. [라이브 코너 위젯 ◉]을 안쪽으로 드래그하면 모서리가 둥글게 변합니다. 이와 반대로 밖으로 다시 드래그하면 뾰족하게 변합니다. [라이브 코너 위젯 ◉]의 한쪽 모서리를 더블클릭하면 옵션이 나타납니다.

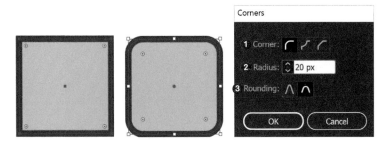

❶ Corner: 모서리의 모양을 정합니다.

❷ Radius: 둥글기 값을 입력합니다.

❸ Rounding: 둥글기의 정도를 설정합니다.

효과를 사용할 수도 있습니다. 도형을 만든 후 [속성] 패널에서 [Effect fx.]를 클릭하고 [Stylize → Round Corners]를 클릭합니다. 팝업 창이 나타나면 [Radius]에 원하는 값을 입력합니다.

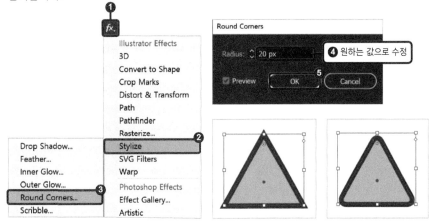

💧 메뉴 바에서는 [Effect → Stylize → Round Corners] 선택하세요.

6일차

실전에서 바로 써먹는
명함 만들기

06-1

그레이디언트 로고로
색상 바꿔 보기

준비 파일 6일_01_실습.ai 완성 파일 6일_01_완성.ai 글꼴 에스코어 드림, Loster 1.4

오늘 배울 기능	하나, 그레이디언트로 색상 바꾸기	둘, 색상 한 번에 바꾸기
	·[그레이디언트 툴 ■]	·Recolor Artwork

01 실습 파일 열기

[File → Open](Ctrl + O)을 선택해 '6일_01_실습.ai'를 불러옵니다.

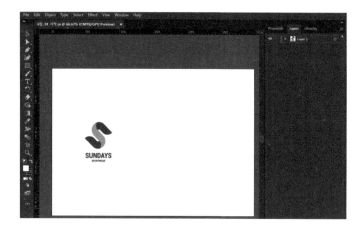

02 그레이디언트 색상 적용하기

흑백 로고를 그레디이언트 색상으로 바꿔 보겠습니다. [선택 툴 ▶]로 로고 가운데에 있는 밝은 회색을 선택합니다. [그레디이언트 툴 ■]을 선택한 후 [속성] 패널의 [Appearance]에서 [Gradient]를 다음과 같이 설정하세요. 그러면 로고에 그레이디언트가 적용된 것을 알 수 있습니다.

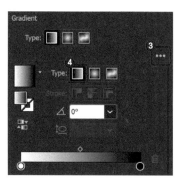

03 로고에 그레이디언트 색상을 바꿔 보겠습니다. 다음과 같이 각도를 입력하세요. 왼쪽 눈금을 더블클릭해 다음과 같이 설정합니다. 그런 다음 오른쪽 눈금도 설정하세요.

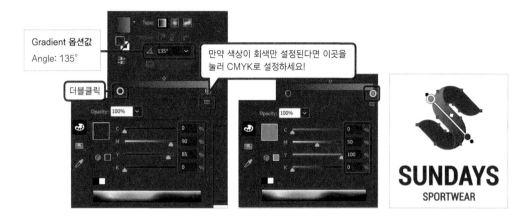

04 로고 위쪽 부분의 색상을 바꿔 보겠습니다. [선택 툴 ▶]로 위의 로고 오브젝트를 클릭합니다. [스포이트 툴 ✐]을 클릭한 후 로고의 가운데를 클릭하면 같은 그레이디언트 색상이 적용됩니다. [속성] 패널의 [Gradient]에서 다음과 같이 각도를 설정하고 오른쪽 눈금을 클릭해 위치를 설정하세요.

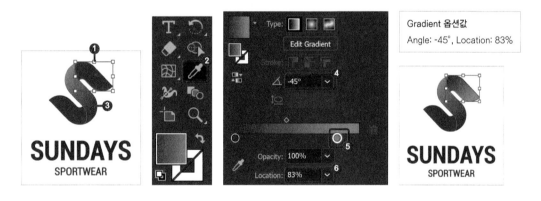

05 아래쪽 부분의 색상을 바꿔 보겠습니다. 위쪽처럼 [스포이트 툴 ✐]을 사용해 색상을 바꿔 준 후 다음과 같이 각도를 설정하고 오른쪽 눈금을 클릭해 위치를 설정하세요. 그레이디언트 로고를 완성했습니다.

Gradient 옵션값
Angle: -45°, Location: 95%

06 [Recolor Artwork]로 색상 바꾸기

이번에는 [Recolor Artwork]로 로고 색상을 바꿔 보겠습니다. 먼저 [선택 툴 ▶]로 오브젝트 전체를 선택한 후 오른쪽 옆으로 복제합니다. [Transform Again]을 해서 하나 더 옆으로 복제해 로고를 총 3개 만듭니다.

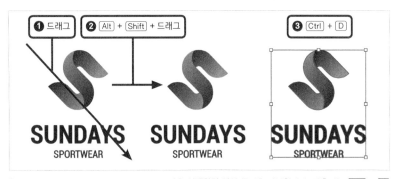

[Object → Transform → Transform Again]을 선택하면 이전 동작을 반복합니다. 단축키는 Ctrl + D 입니다. 이 단축키는 자주 사용하므로 외워 사용하는 것이 편리합니다.

07 [선택 툴 ▶]을 선택한 후 두 번째 로고를 선택합니다. [속성] 패널의 [Quick Actions]에서 [Recolor]를 클릭합니다.

된다! 일러스트레이터 — 오늘 바로 되는 입문서

08 첫 번째 색을 클릭하고 다음과 같이 설정합니다. 두 번째 색을 클릭해 색상을 바꿔 준 후 [OK]를 클릭해 완료합니다.

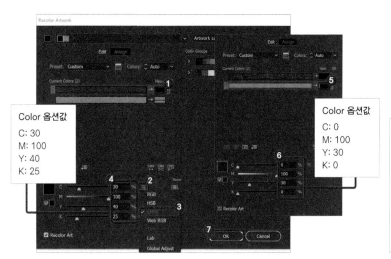

Color 옵션값
C: 30
M: 100
Y: 40
K: 25

Color 옵션값
C: 0
M: 100
Y: 30
K: 0

09 [Recolor Artwork]의 [Edit]

이번에는 [Recolor Artwork]의 [Edit]에서 원하는 색상으로 바꿔 보겠습니다. 세 번째 로고 부분 만 선택한 후 [Recolor]를 클릭해 창이 나타나면 [Edit]를 클릭합니 다. [Color Wheel]에서 색상을 선택한 후 조정해 원하는 색상으 로 변경합니다.

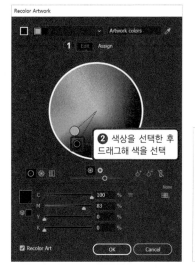

❷ 색상을 선택한 후 드래그해 색을 선택

10 만든 로고를 각각 그룹화합니다.

Ctrl + G

SUNDAYS
SPORTWEAR

SUNDAYS
SPORTWEAR

SUNDAYS
SPORTWEAR

기능 사전

[Gradient] 패널

그레이디언트는 색을 자연스럽게 연결하는 유용한 기능입니다.

❶ Gradient: 그레이디언트의 종류를 선택합니다.

❷ 면과 선: 면과 선 중 그레이디언트를 적용할 부분을 선택합니다.

❸ Type: 그레이디언트의 유형을 선택합니다. Linear(선형), Radial(방사형), Freeform(자유형) 중에서 선택할 수 있습니다.

❹ Stroke: 선에 그레이디언트를 적용할 유형을 선택합니다.

❺ Angle: 그레이디언트의 각도를 설정합니다.

❻ Aspect Ratio: 원형의 그레이디언트를 설정했을 때 가로, 세로 비율을 조절할 수 있습니다.

❼ Reverse Gradient: 그레이디언트의 방향을 반전시킵니다.

❽ 그레이디언트 슬라이더: 눈금의 색과 위치를 조절합니다. 눈금 사이를 클릭하거나 Alt 를 누른 채 드래그하면 눈금이 추가됩니다. 눈금을 패널 밖으로 드래그하거나 휴지통을 누르면 지워집니다.

❾ 눈금: 그레이디언트의 색상을 지정합니다.

❿ Opacity: 눈금의 투명도를 설정합니다.

⓫ Location: 눈금의 위치를 조절합니다.

그레이디언트가 적용된 오브젝트는 [그레이디언트 툴 🔳]을 이용해 수정할 수 있습니다. 그레이디언트가 적용된 오브젝트를 선택한 후 [그레이디언트 툴 🔳]을 클릭하면 [속성] 패널의 그레이디언트 슬라이더가 오브젝트 위에 나타납니다. 그레이디언트 슬라이더를 이용하면 오브젝트의 각도와 위치를 조절할 수 있습니다.

06-2

인쇄, 재단까지 고려해서
제대로 명함 만들기

완성 파일 6일_02_완성.ai 글꼴 나눔바른고딕

오늘 배울 기능	하나,	둘,	둘,
	오브젝트 크기 조정하기	바깥 선 넣기	재단선 넣기
	· [크기 조절 툴 🔲]	· Offset Path	· Crop Marks

이번에는 앞에서 만든 로고를 활용해 실제 명함을 만들겠습니다. 그리고 명함을 실제로 인쇄하려면 재단선 넣는 방법을 꼭 알고 있어야 합니다. 방법은 어렵지 않으니 차근차근 따라해 보세요!

하면 된다!﹜

내 손으로
내 명함 만들기

영상 보기

01 새 아트보드 생성하기

[File → New]([Ctrl]+[N])를 선택합니다. 팝업 창이 나타나면 다음과 같이 설정한 후 [Create]를 클릭합니다.

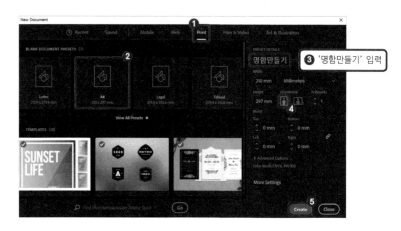

02 명함 앞면 만들기

먼저 명함 기본 크기의 틀을 설정해 명함의 앞면을 만들어 보겠습니다. [사각형 툴 ▦]을 선택한 후 아트보드를 클릭합니다. 팝업 창이 나타나면 Width와 Height를 입력한 후 [OK]를 클릭합니다.

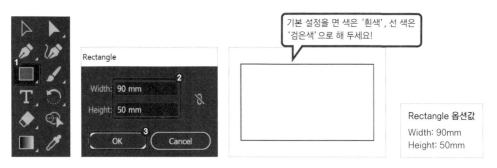

기본 설정을 면 색은 '흰색', 선 색은 '검은색'으로 해 두세요!

Rectangle 옵션값
Width: 90mm
Height: 50mm

03 명함 앞면에 로고 넣기

앞서 작업하던 탭에서 만든 로고를 [명함만들기] 탭으로 복사해 가져옵니다. 만약 앞의 실습을 진행하지 않았다면 '6일_01_완성.ai'의 로고를 복제합니다.

04

로고를 축소해 명함에 넣겠습니다. 로고를 전체 선택한 채 [크기 조절 툴]을 더블클릭합니다. 팝업 창이 나타나면 다음과 같이 설정하세요.

Scale 옵션값
Uniform: 60%

05

명함 앞면 가운데 위에 로고를 배치하세요.

06 명함 뒷면 만들기

이번에는 명함 뒷면을 만들겠습니다. [선택 툴 ▷]로 명함 부분만 선택한 후 아래로 복제합니다.

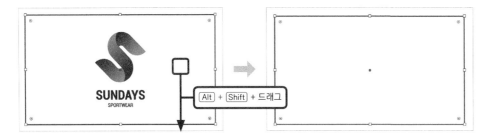

07 명함 뒷면에 로고 넣기

명함 뒷면에는 로고를 더 축소해 넣겠습니다. 로고를 복제한 후 [크기 조절 툴 ⊡]을 더블클릭합니다. 팝업 창이 나타나면 다음과 같이 설정하세요.

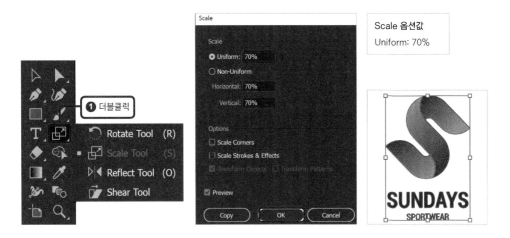

08 로고를 그림과 같이 왼쪽 윗부분에 배치합니다.

09 명함에 정보 입력하기

명함 뒷면에 들어갈 정보를 입력해 보겠습니다. [글자 툴 **T**]로 이름을 입력한 후 [속성] 패널의 [Character]에서 다음과 같이 설정하세요.

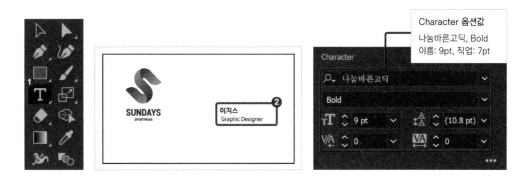

10 그 아래에 휴대전화 번호, 이메일 주소, 웹 사이트를 입력합니다.

11 [선택 툴 ▶]로 전체 정보를 선택한 후 [속성] 패널의 [Appearance]에서 다음과 같이 색을 설정하세요.

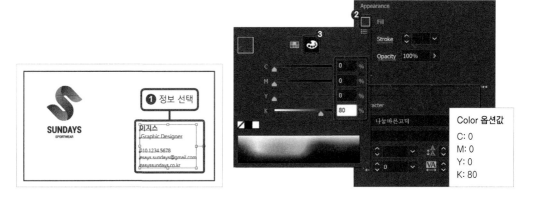

12 글자를 패스로 만들기

다른 컴퓨터에서 열었을 때 폰트가 없을 수 있으므로 글자를 패스로 만들겠습니다. [선택 툴
]로 글자를 모두 선택한 후 Ctrl + Shift + O를 눌러 [Outlines]로 만듭니다.

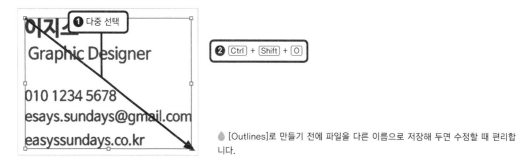

💧 [Outlines]로 만들기 전에 파일을 다른 이름으로 저장해 두면 수정할 때 편리합니다.

13 인쇄를 위해 여백을 넣은 바깥 선 넣기

완성된 명함을 인쇄할 수 있도록 준비해 보겠습니다. 지금처럼 바깥 선을 검은색으로 두고 인쇄하면 재단했을 때 테두리에 검은색 잉크가 묻은 결과물이 나타납니다. 이를 방지하기 위해 여백을 넣은 바깥 선을 추가해 재단선도 넣겠습니다.

먼저 여백을 포함한 바깥 선을 넣기 위해 바깥 면을 선택한 후 [Object → Path → Offset Path]를 선택합니다. 팝업 창이 나타나면 다음과 같이 설정하세요.

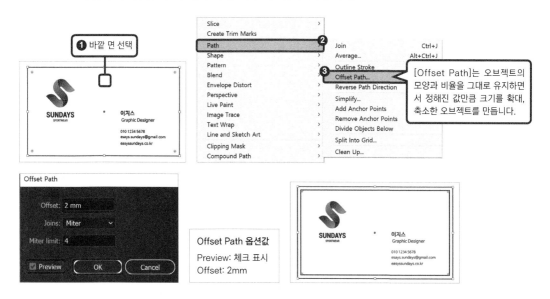

14 재단선 넣기 - [Crop Marks]

이제 실제로 재단해야 하는 안쪽 선을 선택한 후 [Effect → Crop Marks]를 선택합니다. 그러면 사방에 재단선이 생깁니다.

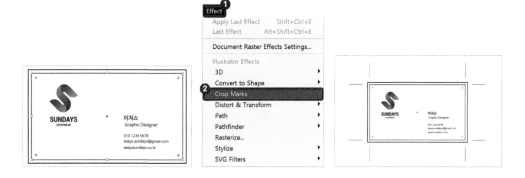

15 앞에서 설명한 대로 재단할 부분의 선은 인쇄되면 안 되므로 [툴] 패널에서 선과 면을 비활성화해 감춥니다.

16 명함 앞면에도 같은 방법으로 재단선을 만든 후에 완성합니다.

17 같은 방법으로 나만의 명함을 만든 후 실제로 인쇄해 결과물을 확인해 보세요!

왜 2mm 정도 여백을 줘야 하나요?

인쇄 업체에서는 큰 종이에 여러 장을 인쇄한 후 잘라 내므로 오차가 있을 수 있습니다. 왼쪽 이미지와 같이 재단 부분의 오차 범위(빨간색 선)가 있을 수 있으므로 오른쪽과 같이 여백을 여유 있게 줘야 합니다.따라서 이러한 오차에 대비해 여백을 2mm 정도 줘야 안전하게 제작할 수 있습니다.

7일차

일러스트레이터에서
표와 그래프 활용하기

07-1

무궁무진한 표 활용법
─ 달력 만들기

준비 파일 **7일_01_실습.ai** 완성 파일 **7일_01_완성.ai** 글꼴 에스코어 드림, Loster 1.4

오늘
배울
기능

하나,

표 만들기

· [격자 툴 ▦]

하면 된다! ▸

달력 만들기

영상 보기

01 새 아트보드 생성하기

[File → New]((Ctrl) + (N))를 선택합니다. 팝업 창이 나타나면 다음과 같이 입력한 후 [Create]를 클릭합니다.

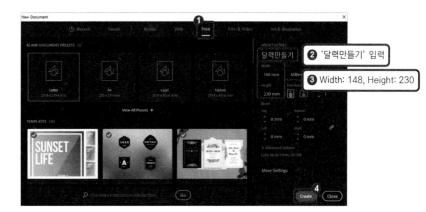

02 배경 만들기

달력을 만들려면 먼저 배경이 있어야 합니다. 배경을 만들면 나중에 원하는 배경색으로 쉽게 바꿀 수도 있습니다. [사각형 툴 ▣]을 선택한 후 아트보드를 클릭합니다. 팝업 창을 다음과 같이 설정합니다. [Align]을 사용해 아트보드 가운데에 위치시킵니다.

03 레이어 잠그기

이렇게 만든 배경은 작업하는 내내 움직이지 않아야 합니다. 오른쪽 [Layers] 패널에서 배경 사각형이 있는 하위 레이어를 선택한 후에 잠급니다.

💧 사각형을 클릭한 후 하위 레이어를 잠그는 단축키인 Ctrl + 2 를 눌러도 됩니다. 잠금을 해제하려면 Alt + Ctrl + 2 를 누르세요.

04 달력 표 만들기

달력 표를 만들어 보겠습니다. [툴] 패널 아래에서 [Edit Toobar]를 클릭해 [Draw]의 [격자 툴 ▦]을 꺼냅니다.

05 [격자 툴 ▦]을 선택한 후 아트보드를 클릭합니다. 팝업 창이 나타나면 다음과 같이 입력하세요. 그러면 5행 7열의 격자가 만들어집니다.

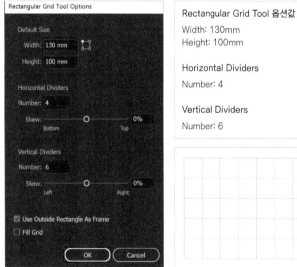

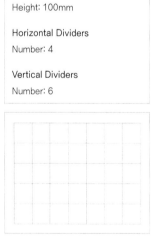

Rectangular Grid Tool 옵션값
Width: 130mm
Height: 100mm

Horizontal Dividers
Number: 4

Vertical Dividers
Number: 6

06

[선택 툴 ▶]로 격자를 선택합니다. [속성] 패널의 [Appearance]에서 다음과 같이 설정하세요.

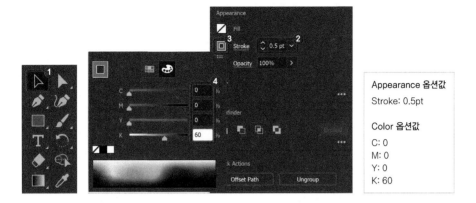

Appearance 옵션값
Stroke: 0.5pt

Color 옵션값
C: 0
M: 0
Y: 0
K: 60

07

표를 그림처럼 아트보드의 가운데 밑에 배치합니다.

08 달력 날짜 입력하기

달력의 기본 틀을 완성했으므로 안에 넣을 달력 날짜를 입력하겠습니다. [글자 툴 T]을 선택한 후 첫 번째 칸에서 날짜가 들어갈 부분을 클릭해 '1'을 입력합니다.

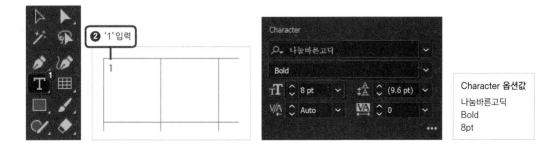

Character 옵션값
나눔바른고딕
Bold
8pt

09 [Appearance]에서 면 색을 다음과 같이 설정하세요.

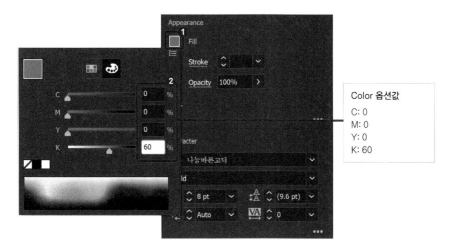

Color 옵션값
C: 0
M: 0
Y: 0
K: 60

10 [선택 툴 ▶]로 글자 '1'을 선택한 후 오른쪽 옆 칸으로 드래그해 복제합니다.

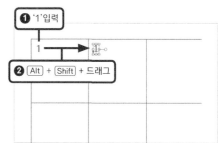

❶ '1'입력
❷ Alt + Shift + 드래그

11 [Transform Again]을 이용해 반복 실행해 1행을 모두 채웁니다.

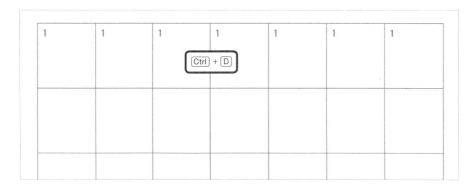

1	1	1	1	1	1	1
			Ctrl + D			

12

[선택 툴 ▶]로 1행에 있는 숫자를 전체 선택한 후 2행으로 복제합니다. 이와 마찬가지로 [Transform Again]을 이용해 밑의 행에도 복제합니다.

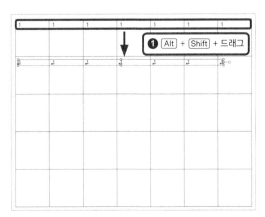

① Alt + Shift + 드래그

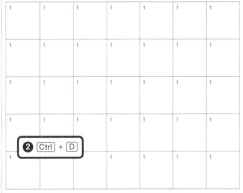

② Ctrl + D

13 요일 글자 입력하기

요일을 입력해 보겠습니다. [글자 툴 T]로 1행 1열의 가운데 위에 'SUN'을 입력하고 드래그해 글자를 선택합니다. [스포이트 툴 ✎]로 '1'을 클릭해 같은 글자와 색으로 만듭니다.

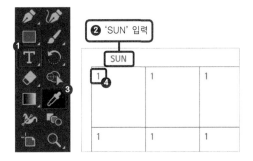

② 'SUN' 입력

14 요일을 순서대로 입력합니다.

SUN	MON	TUE	WED	THURS	FRI	SAT
1	1	1	1	1	1	1
1	1	1	1	1	1	1

15 이번에는 날짜를 바꿔 보겠습니다. 만들고 싶은 달에 맞춰 날짜를 수정합니다.

SUN	MON	TUE	WED	THURS	FRI	SAT
	1	2	3	4	5	6
7	8	9	10	11	12	13
14	15	16	17	18	19	20
21	22	23	24	25	26	27
28	29	30	31			

16 일요일 날짜 색상 바꾸기

일요일은 빨간색 글씨로 넣어야겠죠? [선택 툴 ▶]로 일요일에 해당하는 날짜를 선택합니다.
[속성] 패널의 [Appearance]에서 면 색을 다음과 같이 설정하세요.

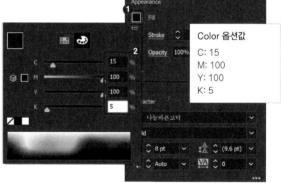

Color 옵션값
C: 15
M: 100
Y: 100
K: 5

17

단순히 격자 틀로 만들면 디자인이 심심하므로 세로 줄을 없애 보겠습니다. [직접 선택 툴 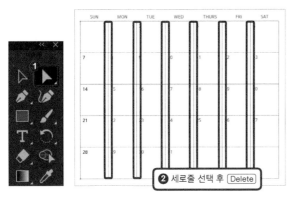]로 세로 줄을 클릭한 후 삭제합니다.

❷ 세로줄 선택 후 Delete

18 달력에 이미지 넣기

달력을 장식할 메인 이미지를 넣어 보겠습니다. [File → Open](Ctrl + O)을 선택해 '7일_01_실습.ai'를 불러옵니다. [선택 툴]로 오브젝트를 선택해 복제합니다. 다시 작업 파일로 돌아와 아트보드의 위쪽 가운데에 위치시킵니다.

❷ Ctrl + V

❶ Ctrl + C

💧 예제 이미지 대신 원하는 이미지가 있으면 대체해도 됩니다.

19 달 입력하기

이미지 위에 달을 입력하겠습니다. 여기서는 'MAY'를 넣겠습니다. 꽃 위에 'MAY'를 입력합니다. 요일과 글자 크기만 다르게 설정하세요.

Character 옵션값
나눔바른고딕
Bold
26pt

20 위와 같은 방법으로 달력을 만들어 보세요.

다양한 달력 스타일을 참고해 자신만의 달력을 완성해 보세요!

Rectangular Grid Tool Options 알아보기

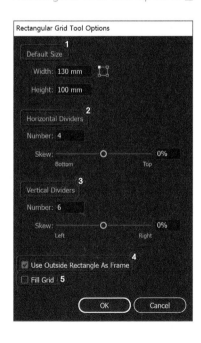

❶ Default Size: 너비와 높이를 설정합니다.

❷ Horizontal Dividers: 가로 방향의 분할 수를 설정합니다. 만들 행의 개수보다 1만큼 적게 입력해야 합니다.

❸ Vertical Dividers: 세로 방향의 분할 수를 설정합니다. 만들 열의 개수보다 1만큼 적게 입력해야 합니다.

❹ Use Outside Rectangle As Frame: 외곽 사각형을 선 또는 면 중에서 어떤 것으로 설정할지 선택합니다.

❺ Fill Grid: 그리드에 면 색상을 채웁니다.

일러스트레이터에서 그래프 만들기
— 인포그래픽 포스터 완성하기

준비 파일 7일_02_실습.ai 완성 파일 7일_02_완성.ai 글꼴 에스코어 드림

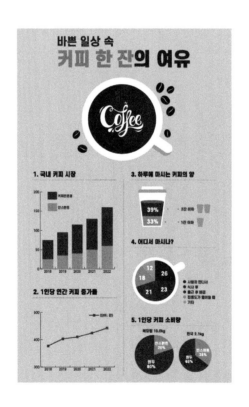

오늘
배울
기능

하나,

막대그래프 만들기

·[세로 누적 막대그래프 📊]

둘,

선그래프 만들기

·[선그래프 툴 📈]

셋,

원그래프 만들기

·[원그래프 툴 🥧]

하면 된다!⟩

[그래프 툴]을 활용해
인포그래픽 포스터
만들기

영상 보기

01 실습 파일 열기

[File → Open](Ctrl + O)을 선택해 '7일_02_실습.ai'를 불러옵니다.

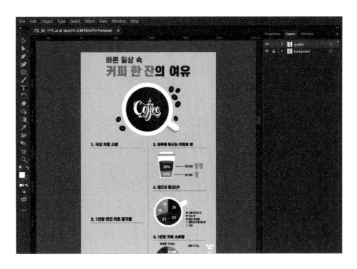

02 세로 누적 막대그래프 - 국내 커피 시장 그래프 그리기

[툴] 패널 아래에 있는 [Edit Toolbar ▪▪▪]를 눌러 [세로 누적 막대그래프 ▮▮]를 꺼냅니다. [세로 누적 막대그래프 ▮▮]를 선택한 후 아래 첫 화면의 빈 공간을 클릭합니다. 팝업 창이 나타나면 다음과 같이 설정하세요.

03 막대그래프를 만들 데이터 입력하기

엑셀 화면과 같은 그래프 데이터 입력 창이 나타납니다. 데이터를 입력하는 팝업 창이 나타나면 다음과 같이 행과 열에 입력하세요. [Apply ✔]를 눌러 데이터 입력 창을 닫습니다. 창을 닫으면 입력한 수치가 그래프에 적용됩니다.

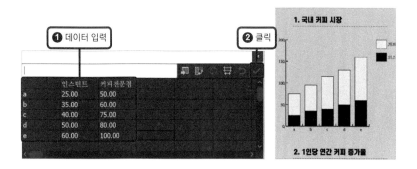

기능 사전   그래프 데이터 입력 창

❶ 텍스트 박스: 데이터 수치를 입력합니다.

❷ 데이터 영역: 입력한 수치가 나타납니다.

❸ 데이터 불러오기: 엑셀, 워드프로세서 등의 응용 프로그램에서 만든 텍스트 파일을 불러옵니다. 단, 각 데이터가 셀로 구분되는 표로 구성돼 있어야 합니다.

❹ 행과 열 바꾸기: 행과 열의 입력된 수치를 맞바꿉니다.

❺ X와 Y 좌푯값 바꾸기: 분산 그래프일 때 X와 Y의 좌푯값을 바꿉니다.

❻ 셀 스타일: 셀 크기를 조정합니다.

❼ 초기화: 수치를 명령을 실행하기 전 상태로 되돌립니다.

❽ 적용: 설정 값을 적용합니다.

04 그래프의 범례 옮기기

그래프의 범례가 다른 그래프 영역을 침범하네요. 범례의 위치를 옮겨 보겠습니다. [직접 선택 툴 ▶]로 범례를 드래그해 선택하고 그래프의 안쪽 부분으로 옮깁니다.

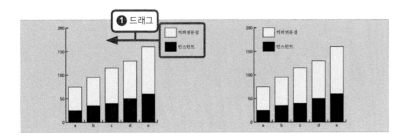

05 반복해 사용할 색상을 [Swatches] 패널에 추가하기

이번 예제에서는 반복해서 사용할 색상을 [Swatches] 패널에 추가해 보겠습니다. 아래 두 색을 각각 선택한 후 [Color] 패널을 확인합니다. 그리고 패널의 면 부분을 [Swatches] 패널에 드래그하면 색상이 추가됩니다.

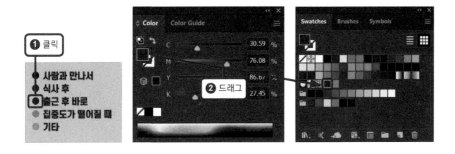

06 그래프의 색상 수정하기

막대그래프의 색상을 바꿔 보겠습니다. [그룹 선택 툴 ▶]을 선택한 후 위쪽 범례를 더블클릭합니다. 범례 그래프에 해당하는 색이 선택됩니다.

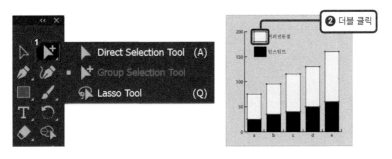

07 [Swatches] 패널에서 첫 번째 추가한 색을 선택한 후 선 색을 비활성화합니다.

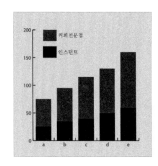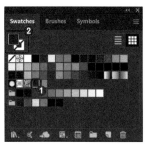

08 아래쪽 범례를 선택한 후 위와 같이 [그룹 선택 툴 🔹]로 두 번째 색을 선택해 색을 바꾸세요.

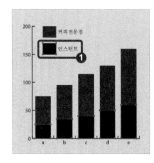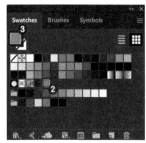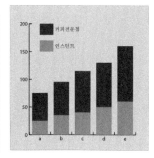

09 연도 입력하기

영어 소문자를 연도로 수정해 보겠습니다. [문자 툴 🅣]을 선택해 다음과 같이 입력하세요.

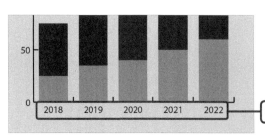

❷ '2018', '2019', '2020', '2021', '2022' 입력

10 연도 입력하기

그래프의 글자를 수정해 보겠습니다. [직접 선택 툴 ▶]을 이용해 각각 표시된 묶음별로 드래그합니다. [속성] 패널의 [Character]에서 다음과 같이 글자를 변경하세요.

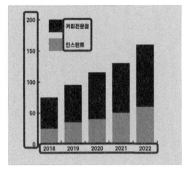

Character 옵션값

에스코어 드림
7 ExtraBold
8pt

11 완성된 그래프를 첫 번째 칸의 중심에 잘 배치해 주세요.

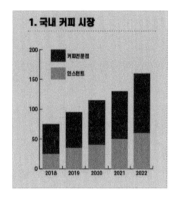

기능 사전

입력한 데이터 값을 바꾸고 싶다면?

입력한 그래프의 데이터 수치를 수정하려면 어떻게 해야 할까요? 수정할 그래프를 클릭한 후 마우스 오른쪽 버튼을 누르고 [Data...]를 선택하세요. 그러면 데이터 입력 창이 나타납니다. 변경하고 싶은 숫자 창을 클릭한 후 숫자를 수정하세요. 그런 다음 [Apply ✔]를 클릭해 데이터를 적용하세요.

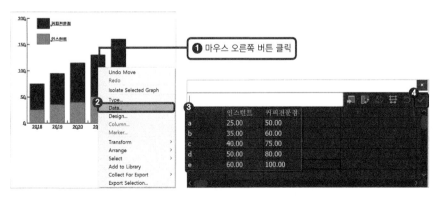

12 선그래프 그리기 - 1인당 연간 커피 증가율

두 번째로 선그래프를 만들어 보겠습니다. [툴] 패널 아래에 있는 [Edit Toolbar ···]를 클릭해 [선그래프 툴 ~]을 꺼냅니다. [선그래프 툴 ~]을 선택한 후 아래 화면의 빈 공간을 클릭합니다. 팝업 창이 나타나면 오른쪽과 같이 설정하세요.

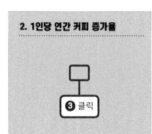

13 데이터 입력하기

그래프 데이터 입력 창이 나타나면 다음과 같이 데이터 수치를 입력합니다. [Apply ✓]를 눌러 데이터 입력 창을 닫습니다.

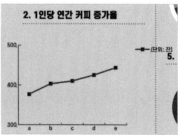

14 그래프의 범례 옮기기

범례의 위치를 옮겨 보겠습니다. [직접 선택 툴 ▶]로 범례를 드래그해 선택합니다. 다음 그림과 같이 그래프의 안쪽 부분으로 옮깁니다.

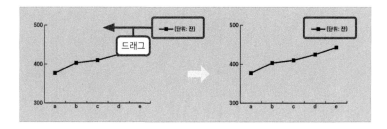

15 그래프의 색상을 바꿔 보겠습니다. [그룹 선택 툴 ▶+]을 선택한 후 범례의 가운데 부분을 더블클릭합니다. 그래프의 같은 네모 박스가 선택됩니다.

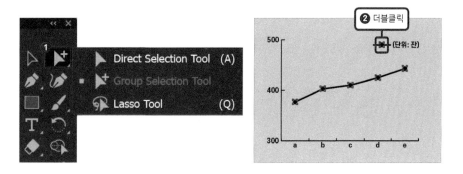

16 [Swatches] 패널에서 첫 번째로 추가한 색을 선택한 후 선 색을 비활성화합니다.

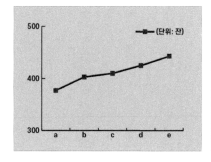
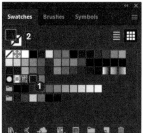

17 이번에는 범례 부분의 선을 선택한 후 더블클릭해 선 색을 바꿔 주세요.

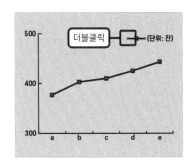 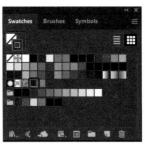 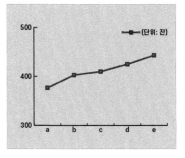

18 막대그래프와 마찬가지로 영어 소문자를 연도로 수정하세요. [속성] 패널의 [Character]에서 다음과 같이 설정하세요.

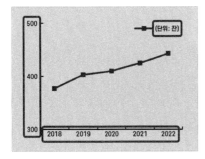 

Character 옵션값
에스코어 드림
7 ExtraBold
8pt

19 완성된 선그래프를 중심에 잘 배치해 주세요.

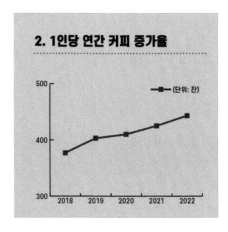

20 원그래프 그리기 - 원그래프 툴

마지막으로 원그래프를 만들어 보겠습니다. [툴] 패널 아래에서 [Edit Toolbar ▪▪▪]를 클릭해 [원그래프 툴 ◐]을 꺼냅니다.

21

[원그래프 툴 ◐]을 선택한 후 아래 화면의 빈 공간을 클릭합니다. 팝업 창이 나타나면 오른쪽과 같이 설정하세요.

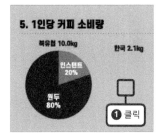

22 데이터 입력하기

그래프 데이터 입력 창이 나타나면 다음과 같이 데이터 수치를 입력합니다. [Apply ✓]를 눌러 데이터 입력 창을 닫습니다.

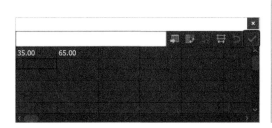

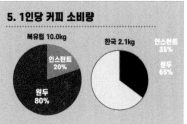

23 그래프 색상 바꾸기

기본으로 설정된 그래프의 색을 왼쪽 그래프와 같은 색으로 적용해 보겠습니다. [직접 선택 툴 ▶]로 밝은 부분을 클릭합니다. [스포이트 툴 ✏]을 선택한 후 왼쪽의 원두 부분을 클릭해 색상을 변경합니다.

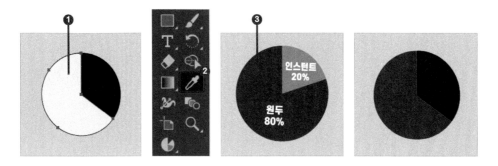

24 위와 같은 방법으로 검은색 부분도 왼쪽의 인스턴트 부분을 클릭해 색상을 변경하세요. 그리고 오른쪽 그림과 같이 중심에 배치해 주세요.

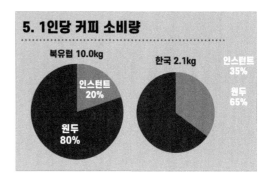

25 그래프의 오른쪽에 있는 글자를 원그래프에 다음과 같이 배치해 주세요.

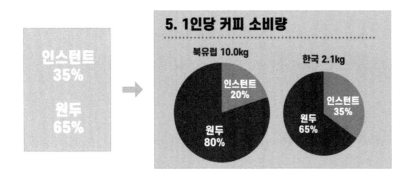

26 커피를 주제로 한 인포그래픽 포스터를 완성했습니다.

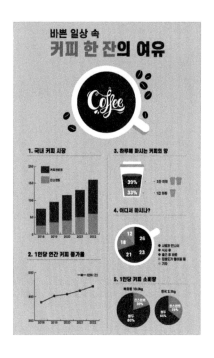

그래프 툴

[툴] 패널에서는 아홉 가지 그래프 중에서 선택할 수 있습니다. 다양한 그래프 형태를 살펴보겠습니다.

❶ 세로 막대그래프 툴 ■
❷ 세로 누적 막대그래프 툴 ■
❸ 가로 막대그래프 툴 ■
❹ 가로 누적 막대그래프 툴 ■

❺ 선그래프 툴 ■
❻ 영역 그래프 툴 ■
❼ 분산 그래프 툴 ■
❽ 원그래프 툴 ■

❾ 방사형 그래프 툴 ■

고맙습니다
THANK YOU

#캘리그래피

#로고

아담카페
아름다움을 담은 카페

#텍스처

#캐리커처

자랑스런 요리사용 ^^

둘째마당＼드로잉 편

내 생각대로 만든다 — 드로잉 끝내기

1일차

자르고, 변형하고!
― 캐릭터 수정하기

01-1

늘이고 줄이고!
[퍼펫 뒤틀기 툴]로 쉽게 변형하기

준비 파일 **1일_01_실습**.ai 완성 파일 **1일_01_완성**.ai

오늘 배울 기능	하나, [Move] 팝업 창으로 복사하기	둘, [툴] 패널에서 툴 찾아 사용하기	셋, [퍼펫 뒤틀기 툴] 사용하기
	·[선택 툴 ▶]	·[Tools] 패널	·단축키 설정하기

공들여 만든 캐릭터와 로고를 변형해 수정하는 방법을 배워 보겠습니다. 처음부터 다시 그릴 필요 없이 간단히 수정할 수 있는 툴을 소개합니다. 바로 [퍼펫 뒤틀기 툴 📌]입니다. [퍼펫 뒤틀기 툴 📌]은 오브젝트를 자유자재로 수정할 수 있어 매우 편리합니다. 예제 파일의 고양이 얼굴을 원하는 모습으로 수정해 보세요.

하면 된다!⟩

[퍼펫 뒤틀기 툴]
사용하기

영상 보기

작업 과정을 유튜브
영상으로 살펴보세요!

01 예제 파일을 불러와 준비하기

메뉴 바에서 [File → Open]([Ctrl] + [O])을 선택해 '1일_01_실습.ai'를 불러옵니다.

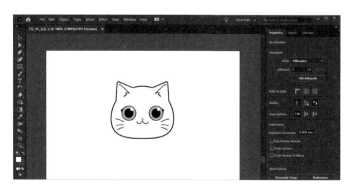

02 [선택 툴 ▶]로 고양이 얼굴을 전체 선택한 후 [Enter]를 누릅니다. [Move] 창이 나타나면 옵션값을 입력한 후 [Copy]를 눌러 복사하세요. 복사한 고양이를 마우스 오른쪽 버튼으로 누르고 [Ungroup]을 선택하세요.

💧 [선택 툴] 단축키: [V]

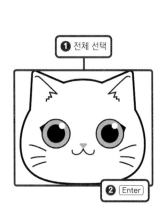

❶ 전체 선택

❷ [Enter]

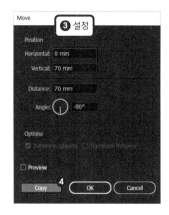

Move

❸ 설정

Position

Horizontal: 0 mm

Vertical: 70 mm

Distance: 70 mm

Angle: ◯ -90°

Options

☑ Transform Objects ☐ Transform Patterns

☐ Preview

Copy ❹ OK Cancel

❺ 마우스 오른쪽 버튼 클릭

Undo
Redo
Make Pixel Perfect
Perspective
Crop Image
Isolate Selected Group
Ungroup ❻
Transform
Arrange
Select
Add to Library
Collect For Export
Export Selection...

03 [퍼펫 뒤틀기 툴]로 포인트 찍기

고양이 얼굴의 형태를 바꿔 보겠습니다. 먼저 [선택 툴 ▶]을 클릭한 후 고양이 얼굴에서 눈, 코, 입, 수염을 제외한 얼굴 부분만 드래그해 선택하세요. 포인트를 찍을 부분을 선택한 후 [툴] 패널에서 [퍼펫 뒤틀기 툴 ★]을 클릭하면 선택한 도형이 자동으로 맨 위에 올라옵니다. 하지만 고양이의 눈, 코, 입도 함께 보면서 얼굴을 조정하는 게 낫겠죠? 마우스 오른쪽 버튼을 누르고 [Arrange → Send to Back]을 클릭해 맨 아래쪽에 배치하세요.

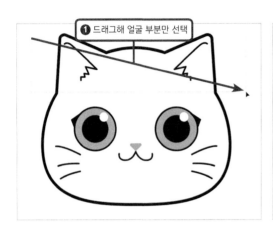

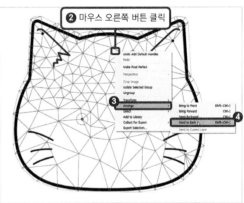

🔵 순서 맨 뒤로 보내기 단축키: Shift + Ctrl + [

기능 사전

[퍼펫 뒤틀기 툴]이 보이지 않아요!

[툴] 패널은 작업의 편의성을 위해 자주 쓰는 도구를 모아 놓을 수 있습니다. [툴] 패널 아래쪽에 있는 ▦ 을 누르면 일러스트레이터에서 제공하는 다양한 도구가 들어 있는 [All Tools] 창이 열립니다. 자주 사용하는 도구를 [툴] 패널로 드래그해 옮겨 놓아 보세요. 자신만의 [툴] 패널을 만들 수 있답니다.

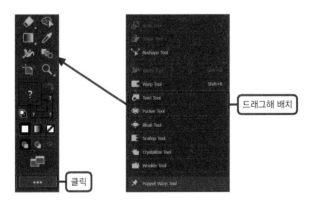

04 얼굴 모양에 맞게 포인트 만들기

[퍼펫 뒤틀기 툴 ⭐️]을 사용할 때 가장 중요한 부분은 바로 '포인트'예요. 다음 이미지에 표시된 대로 변형할 부분을 눌러 포인트를 8개 만드세요.

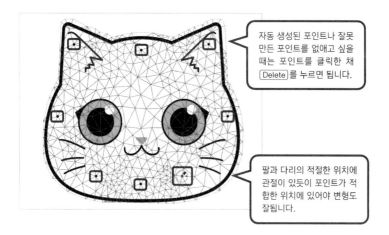

자동 생성된 포인트나 잘못 만든 포인트를 없애고 싶을 때는 포인트를 클릭한 채 Delete 를 누르면 됩니다.

팔과 다리의 적절한 위치에 관절이 있듯이 포인트가 적합한 위치에 있어야 변형도 잘됩니다.

기능 사전 | [퍼펫 뒤틀기 툴]이란?

오브젝트를 수정할 때 [펜 툴 ✒️] 대신 [퍼펫 뒤틀기 툴 ⭐️]을 사용해 보세요. 오브젝트에 포인트를 만들어서 늘이거나 회전해 더욱 편리하게 변형할 수 있게 해 주는 툴이랍니다! [퍼펫 뒤틀기 툴 ⭐️]은 단축키가 없으므로 [Edit → Keyboard Shortcuts]를 클릭해 나타나는 [Keyboard Shortcuts] 팝업 창에서 설정해 사용하세요(키보드 설정 변경 단축키: Alt + Ctrl + Shift + K).

05 툴을 이용해 변형하기

이제 본격적으로 오브젝트를 변형해 볼 차례입니다. 귀에 만든 포인트를 선택한 후 위로 드래그하고 턱에 만든 포인트를 아래로 드래그해 얼굴의 형태를 바꾸세요. 눈 옆의 포인트를 클릭한 후 점선 동그라미에 마우스 커서를 올려놓으면 회전 모양으로 바뀝니다. 회전하는 방향으로 도형을 뒤틀 수 있어요.

드래그

고양이 턱의 양옆에 만든 포인트가 어떤 역할을 하는지 살펴볼까요? 이럴 경우 고정 포인트가 없을 때와 달리 고양이의 턱이 고정되므로 이때 고정 포인트를 밑으로 내려도 고양이 턱은 움직이지 않습니다. 이렇게 포인트는 변형할 때도 쓰이지만, 핀처럼 고정해 주는 역할도 한답니다!

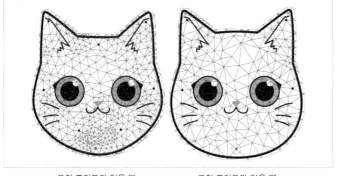

| 고정 포인트가 있을 때 | 고정 포인트가 없을 때 |

🔵 [직접 선택 툴 ▶] 단축키: Ⓐ

06 색을 수정해 마무리하기

각 포인트로 어색한 부분을 다듬어 주고 마지막으로 [직접 선택 툴 ▶]로 고양이의 눈을 선택해 옵션값에 맞춰 색을 바꿉니다. 이렇게 얼굴 모양이 다른 고양이를 만들어 보세요.

 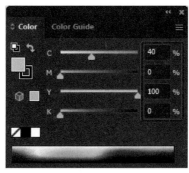

Color 옵션값
C: 40
M: 0
Y: 100
K: 0

🔵 [color] 패널 단축키: F6

단축키가 없는 툴에 단축키를 만드는 방법

[Edit → Keyboard Shortcuts]를 클릭해 팝업 창이 나타나면 사용
하고 싶은 툴을 새로운 단축키로 설정해 넣을 수 있습니다. 이미 단
축키가 있으면 경고문이 나타납니다.

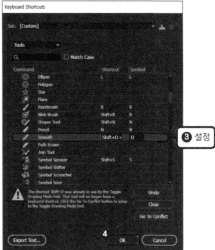

01-2

지우고 잘라 봐요!
[지우개 툴]과 [나이프 툴]

준비 파일 **1일_02_실습.ai** 완성 파일 **1일_02_완성.ai**

오늘 배울 기능	하나, 오브젝트 지우기	둘, 오브젝트 나누기	셋, 오브젝트 자르기
	• [지우개 툴 ]	• [나이프 툴 ]	• [가위 툴 ]

하면 된다!♪

[지우개 툴]과 [나이프 툴] 사용하기

영상 보기

01 실습 파일 열기

'1일_02_실습.ai'를 불러옵니다. 그리고 [선택 툴 ▶]을 이용해 고양이 얼굴을 선택한 다음 Alt 를 누르면서 이동해 복사합니다.

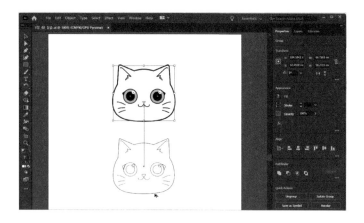

02 [지우개 툴]로 수정하기

고양이 얼굴을 선택 해제한 채 [지우개 툴 ◆]을 클릭한 후 왼쪽 귀 부분을 드래그합니다. 오른쪽 귀 부분도 드래그해 지웁니다.

🔹 [지우개 툴 ◆] 단축키: Shift + E

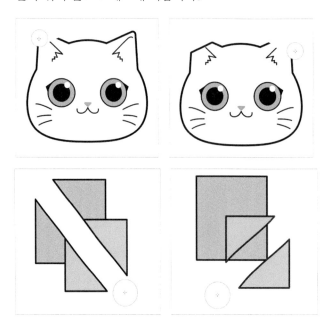

오브젝트를 선택하지 않고 지우면 브러시가 지나간 자리가 모두 지워지고, 오브젝트를 선택하고 지우면 해당 오브젝트만 지워집니다.

03 지워진 부분 수정하기

고양이 귀 부분의 오브젝트가 전부 삭제됐죠. 이제 [펜 툴 🖊]을 이용해 접힌 귀를 묘사합니다. Shift + Ctrl + A로 선택을 해제한 후 [펜 툴 🖊]로 없어진 귀 부분에 세모 모양으로 오브젝트를 만듭니다. [직접 선택 툴 ▶]을 이용해 다듬은 후 면을 '흰색'으로 바꾸고 선을 옵션값에 맞춰 수정합니다. 반대편 귀 부분도 이와 똑같은 방식으로 수정하세요.   🖊 [펜 툴 🖊] 단축키: P

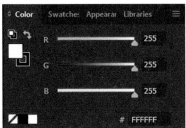

Stroke 옵션값

Weight: 0.6mm
Cap: Round Cap
Corner: Round Join
Align Stroke: Align Stroke to Outside

기능 사전

[Align Stroke] 알아보기

[Stroke] 패널에 있는 설정으로, 오브젝트의 선 영역을 중앙, 안쪽, 바깥쪽으로 정렬합니다. 선의 정렬 방법에 따라 오브젝트가 작아 보일 수 있고 선이 영역을 침범할 수 있어서 상황에 따라 정렬을 바꿔 주는 것이 좋습니다. 열린 패스와 [브러시]에서는 중앙으로만 설정할 수 있습니다.

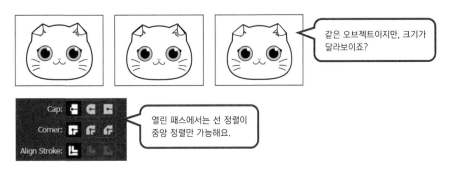

같은 오브젝트이지만, 크기가 달라보이죠?

열린 패스에서는 선 정렬이 중앙 정렬만 가능해요.

패널의 단위는 어떻게 변경하나요?

일러스트레이터에서는 패널의 쓰임새에 따라 Point, Picas, Inches, Millimeters, Centimeters, Pixels 등의 단위로 표기됩니다. 패널을 표기하는 단위를 변경하려면 어떻게 해야 할까요? 예를 들어 선을 밀리밀터(mm)로 바꾸려면 [Edit → Preferences → Units]를 활성화한 후 [Stroke]를 [Millimeters]로 설정하면 됩니다.

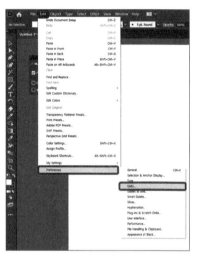
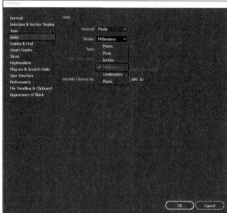

04 색 수정하기

[직접 선택 툴 ]로 귀와 얼굴을 다중 선택하고 면 색을 옵션값에 맞춰 바꾸세요. 마지막으로 눈도 선택해 색상도 옵션값으로 수정하면 완성입니다.

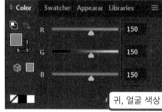

귀, 얼굴 색상

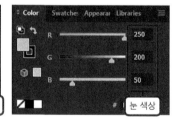

눈 색상

05 비슷하면서도 다른 기능, 나이프

앞에서 [지우개 툴 ◆]로 오브젝트를 완전히 없앴다면 이번에는 면을 나눠 주는 툴도 알아보겠습니다. 다시 예제 파일을 복사한 후 [나이프 툴 ✎]을 선택해 양쪽 귀를 자르고 싶은 방향으로 직선으로 잘라 내기 위해 [Alt]를 누른 채 드래그합니다. 고양이 얼굴을 선택한 채 마우스 오른쪽 버튼을 누르고 [Isolate Selected Group]을 선택해 그룹을 분리하세요

💧 [나이프 툴 ✎]은 [지우개 툴 ◆]과 비슷하지만, 지우는 것이 아니라 면을 나눠 주는 특징이 있습니다. 선택한 오브젝트만 나누거나 선택하지 않았을 때 드래그한 방향의 모든 오브젝트의 면이 나눠지는 것은 지우개와 같은 원리입니다. 나눠진 면은 닫힌 패스로 만들어집니다(단, 선으로만 된 패스는 나눠지지 않습니다).

06 귀 방향 바꾸기

왼쪽 귀의 잘린 부분을 [선택 툴 ▶]로 드래그해 선택한 후 마우스 오른쪽 버튼을 누르고 [Arrange → Bring to Front]를 클릭해 귀가 가장 위에 오게 하세요. [Shift]를 누른 채 오른쪽으로 회전합니다. 이와 마찬가지로 오른쪽 귀의 잘린 부분도 회전합니다.

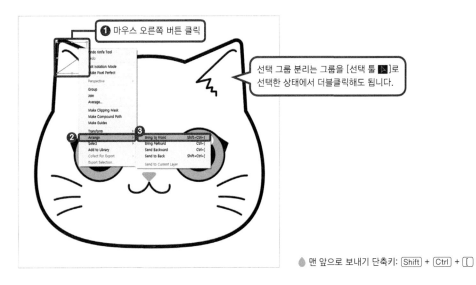

💧 맨 앞으로 보내기 단축키: [Shift] + [Ctrl] + []

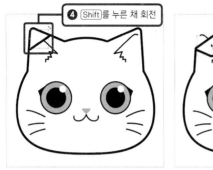

❹ [Shift]를 누른 채 회전

💧 오브젝트를 선택하지 않고 드래그하면 [나이프 툴 🔪]이 지나간 자리의 오브젝트 면이 모두 나눠집니다. 만약 선택한 오브젝트가 있으면 해당 오브젝트만 면이 나눠집니다.

07 [가위 툴 ✂]을 이용해 선 없애기

귀의 안쪽에 털을 묘사한 선을 [가위 툴 ✂]로 없애 보겠습니다. 밖으로 나와 있는 선을 [선택 툴 ▶]로 클릭한 후 [가위 툴 ✂]을 클릭합니다. 없애고 싶은 부분을 클릭하면 클릭한 부분을 기준으로 선이 둘로 나눠집니다. [직접 선택 툴 ▷]로 윗부분을 선택한 후 [Delete]를 눌러 없앱니다. 마지막으로 색상을 자유롭게 수정하면 완성입니다.

❶

❷ [가위 툴 ✂] 상태에서 클릭

❸ 선택 후 [Delete]

💧 [가위 툴 ✂] 단축키: [C]

💧 [가위 툴 ✂]은 선택한 오브젝트의 외곽선을 클릭해 수평, 수직으로 면을 자르는 툴입니다. 잘린 면은 열린 패스로 완성됩니다.

[지우개 툴], [나이프 툴], [가위 툴]이 헷갈려요!

아직 오브젝트를 수정하는 툴을 다루기가 어려울 수 있어요. 다음 표를 살펴보고 [지우개 툴 ◈], [나이프 툴 ✎], [가위 툴 ✂]을 자유자재로 다룰 수 있도록 익혀 보세요.

툴 이름	특징	패스 속성	오브젝트 선택
[지우개 툴 ◈]	선과 브러시 형태로 오브젝트를 없앰.	닫힌 패스	선택하지 않을 경우 모든 오브젝트 삭제함.
[나이프 툴 ✎]	오브젝트의 면을 나눔.	닫힌 패스	선택하지 않을 경우 모든 오브젝트 잘라 냄.
[가위 툴 ✂]	오브젝트의 외곽선을 클릭해 잘라 냄.	열린 패스	선택한 오브젝트만 잘라 냄.

[지우개 툴 ◈]

[나이프 툴 ✎]

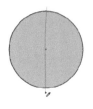

[가위 툴 ✂]

01-3

알록달록 클리핑 마스크로
무늬 넣기

준비 파일 1일_03_실습.ai 완성 파일 1일_03_완성.ai

오늘 배울 기능	하나, 도형 합치기	둘, 클리핑 마스크 만들고 수정하기	셋, [불러오기]로 이미지 불러오기
	·[Pathfinder] 패널	·[선택 툴 ▶] ·[직접 선택 툴 ▷]	·[Place]

하면 된다! ♪

클리핑 마스크
사용하기

영상 보기

01 실습 파일 열기

이번에는 그룹으로 된 오브젝트를 분리해 작업한 후 그룹을
유지하면서 수정 작업을 해 보겠습니다. '1일_03_실습.ai'를
불러옵니다.

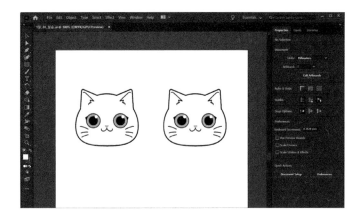

02 기본 무늬 모양 만들기

[선택 툴 ▶]로 고양이 얼굴을 선택하고 [Alt]를 누른 채 아래로 드래그해 복사한 후 더블클
릭해 선택 그룹을 분리하세요. [원형 툴 ◉]을 선택한 후 빈 곳을 클릭해 팝업 창이 나타나면
'36mm'를 입력해 원을 만드세요. 그리고 [선택 툴 ▶]로 원을 선택한 채 [Enter]를 누르고 이
동 팝업 창이 나타나면 옵션값을 입력한 후 [Copy]를 누릅니다.

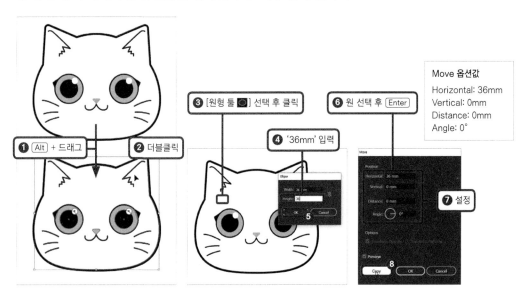

Move 옵션값

Horizontal: 36mm
Vertical: 0mm
Distance: 0mm
Angle: 0°

03

[사각 툴 ■]을 이용해 원형 위에 사각형을 만든 후 오브젝트를 모두 선택하고 [Pathfinder] 패널에서 [Unite]를 클릭해 하나로 합치세요. 그리고 다음 그림과 같이 고양이 얼굴에 얹고 [Color] 패널을 이용해 색상을 옵션에 맞춰 바꾸세요.

Color 옵션값
R: 225, G: 170, B: 50

🔵 [Pathfinder] 패널 단축키: Shift + Ctrl + 9

04 클리핑 마스크를 만들기 위해 제자리에 복사하기

클리핑 마스크의 마스크 영역을 만들기 위해 고양이 얼굴을 제자리에 복사하겠습니다. [선택 툴 ▶]로 고양이 얼굴의 흰색 면을 클릭한 채 Ctrl + C로 복사하고 Ctrl + F로 같은 자리에 상단 복사하기를 하세요.

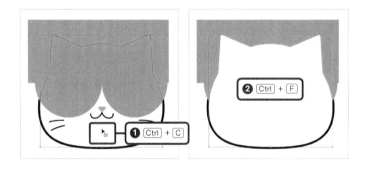

05 클리핑 마스크 만들기

1번 단계의 무늬 도형을 선택한 후 마우스 오른쪽 버튼을 누르고 [Arrange → Send to Back]을 클릭해 가장 아래에 배치하세요. 복사한 얼굴 도형과 1번 단계에서 만든 도형을 [선택 툴 ▶]을 이용해 Shift로 다중 선택한 후 마우스 오른쪽 버튼을 누르고 [Make Clipping Mask]를 선택하세요.

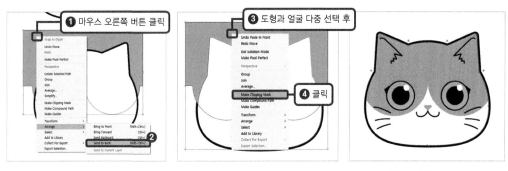

💧 클리핑 마스크 만들기 단축키: 마스크 영역을 선택한 후 `Ctrl` + `7`, 클리핑 마스크 해제 단축키: 마스크 영역을 선택한 후 `Ctrl` + `Alt` + `7`

06 클리핑 마스크에 추가하기

클리핑 마스크가 적용된 오브젝트를 수정해 무늬를 추가하겠습니다. 마스크 오브젝트를 [선택 툴 ▶]로 선택한 채 마우스 오른쪽 버튼을 누르고 [Isolate Selected Clipping Mask]를 선택합니다. [펜 툴 🖊]을 이용해 이마의 왼쪽에 세모를 만듭니다. 세모 도형의 면 색상은 옵션값에 맞춰 변경하세요. 그리고 세모 도형을 [선택 툴 ▶]로 선택한 후 `Alt`를 누른 채 드래그해 무늬를 총 3개 만듭니다.

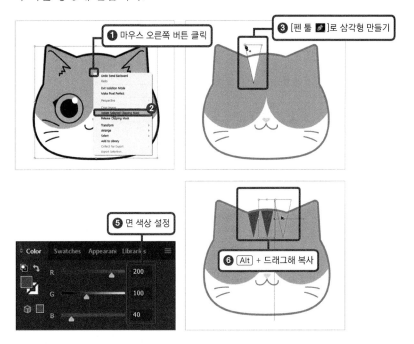

07

마지막으로 세모 도형 2개를 복사한 후 Shift를 누른 채 회전해 양쪽 볼에도 무늬를
넣어 완성하세요.

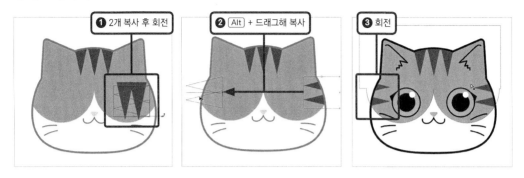

08 고양이 얼굴을 복제하고 마스크 영역 지우기

클리핑 마스크 영역에는 이미지도 적용할 수 있습니다. 완성한 고양이 얼굴을 [선택 툴 ▶]로
전체 선택한 후 Alt를 누른 채 드래그하면서 Shift를 누르면 정방향으로 복사됩니다. 그룹
을 더블클릭한 후 다시 클리핑 마스크 영역을 더블클릭해 마스크 영역 안으로 들어갑니다. 만
들었던 무늬를 Delete를 눌러 삭제하세요.

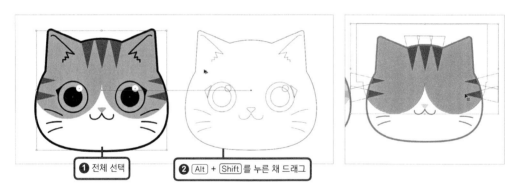

기능 사전

무늬 수정하기

[직접 선택 툴 ▶]을 이용하면 마스크 영역 안쪽의
도형을 이동하거나 수정할 수 있습니다.

💧 마스크 분리는 마스크 영역을 [선택 툴 ▶]로 선택한 상태에서 더
블클릭해도 됩니다.

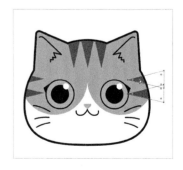

09 이미지를 이용해 고양이 얼굴 꾸미기

메뉴 바에서 [File → Place]를 클릭해 '1일차 _03_이미지.jpg'를 선택한 후 [Link]를 선택 해제하고 [Place]를 클릭해 불러옵니다. 다음 그림과 같이 드래그해 이미지를 얼굴 안에 넣고 마지막으로 눈 색상을 옵션값에 맞춰 수정하면 완성입니다.

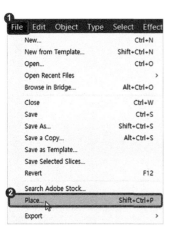

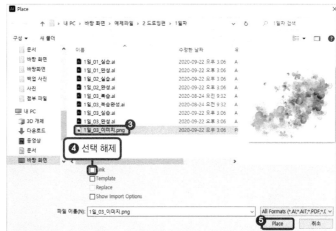

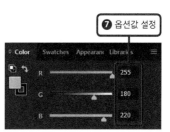

여러분이 만든 캐릭터를 굿즈로 제작할 수 있답니다. 세상에 단 하나뿐인 브랜드를 일러스트레이터로 완성해 보세요!

클리핑 마스크가 적용되지 않아요!

클리핑 마스크 영역이 되는 오브젝트는 벡터로 제작한 개체 1개에만 적용됩니다. 그럼 여러 개의 개체에 클리핑 마스크를 적용하려면 어떻게 해야 할까요? 그룹화돼 있는 개체를 [선택 툴 ▷]로 선택한 후 메뉴 바에서 [Object → Compound Path → Make]를 클릭해 하나의 개체로 만듭니다. 그리고 클리핑 마스크를 적용해 보세요.

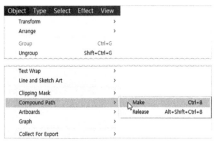

복습 | 10분 만에 만들어야 한다!

'1일_03_복습.ai'를 불러와 다음 그림과 같이 변형해 보세요!

준비 파일 1일_03_복습.ai
완성 파일 1일_03_복습완성.ai

2일차

디자인 실무의 시작!
— 로고 만들기

반짝이는 아이디어!
창의적인 로고 만들기

완성 파일 2일_01_완성.ai 글꼴 나눔스퀘어

오늘 배울 기능	하나, 브랜드 네이밍 정하기	둘, 도형을 합치고 없애기	셋, 팬톤 색상 적용하기
	• 브레인스토밍으로 브랜드 네이밍 정하기	• [도형 구성 툴 ]	• [Swatches] 패널

로고를 만드는 세 가지 원칙

로고를 만드는 데 필요한 것은 무엇일까요? 가장 중요한 것은 로고가 표현하고자 하는 내용입니다. 다음 소개하는 세 가지 원칙을 지켜 로고를 만들어 보세요.

첫째, 정체성 정하기

어떤 회사, 가게를 창업하는지를 생각해야 합니다. 이번 실습의 목표는 카페 로고를 만드는 것이라고 가정해 볼게요!

둘째, 단어 브레인스토밍하기

카페하면 떠오르는 단어를 브레인스토밍합니다. 예쁘다, 커피콩, 여유롭다, 아름답다, 행복하다, 자유롭다 등 명사와 형용사를 다양하게 적어 보세요. 고객의 나이, 카페의 콘셉트와 특징에 따라 원하는 적당한 단어를 골라 브레인스토밍을 할 수 있습니다.

💧 브레인스토밍으로 질보다 양을!
브레인스토밍이란, 어떤 문제를 해결하기 위해 주제와 상관없이 자유롭게 토론하면서 창조적인 아이디어를 이끌어 내는 창의적인 회의 방법입니다. 디자인에서도 여러 사람 또는 혼자 생각나는 대로 아이디어를 쏟아 내면서 틀 안에 박혀 있는 생각을 벗어나게 해 주는 장점이 있습니다.

셋째, 줄임말, 함축된 단어 생각하기

줄임말, 함축된 단어를 사용하면 사람들의 궁금증을 유발할 수 있습니다. 앞에서 단어 브레인 스토밍한 것 중에 아름답다 + 카페를 키워드로, '아름다움을 담은 카페'가 떠올라 '아담카페'라는 키워드를 얻게 됐어요.

아름다움을 담은 카페 **'아담카페'**

[아담하다]: 형용사 雅淡--/雅澹--

1. 고상하면서 담백하다. 2. 적당히 자그마하다.

하면 된다!⟩

나만의
로고 만들기

영상 보기

01 새 아트보드 생성하기

상표가 정해졌다면 어울리는 디자인으로 로고를 만들어야 겠죠? 일러스트레이터를 실행하거나 메뉴 바에서 [File → New]([Ctrl] + [N])를 선택해 'A4 규격 크기'로 새 아트보드를 생성합니다.

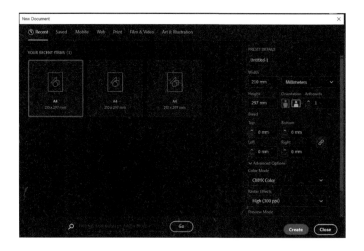

02 로고 만들기 첫 단계, 도형 만들기

[사각형 툴 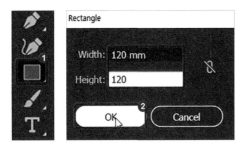]을 선택한 후 아트보드를 클릭하면 [사각형 옵션] 창이 나타납니다. 옵션값에
맞춰 '120mm'를 입력 한 후 [OK]를 클릭해 정사각형을 만듭니다.

03 도형의 옵션값 변경하기

사각형을 선택한 채 [툴] 패널에서 면 색을 '투명'으로 바꾸세요. 그런 다음 [속성] 패널에서
[Transform] 패널과 [Stroke] 패널을 옵션값에 맞춰 바꾸세요.

🔹 패널이 보이지 않으면 [Window]에서 찾아 사용
하면 됩니다(준비마당 29쪽 참고).

04 [자유 변형 툴 🔲]로 모양 변경하기

[자유 변형 툴 🔲]을 선택하면 작은 패널 창이 실행됩니다. [Perspective]을 선택한 후 오른쪽 고정점을 안쪽으로 드래그합니다.

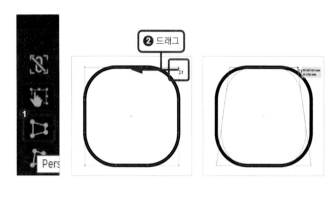

🫧 [자유 변형 툴 🔲]이란?
오브젝트의 기울기를 조정하고 크기를 수정하며
회전해 주는 툴입니다. [직접 선택 툴 ▶]보다
정확하고 간단하게 변형할 수 있습니다.

05 [원형 툴 ⬤]로 원형 만들기

[원형 툴 ⬤]을 선택한 후 빈 곳을 클릭해 원형을 옵션값에 맞춰 만들고 [OK]를 클릭하세요.
[선택 툴 ▶]을 선택한 후 Alt를 누르면서 드래그 한 후 Shift를 눌러 정방향으로 복사합니다.

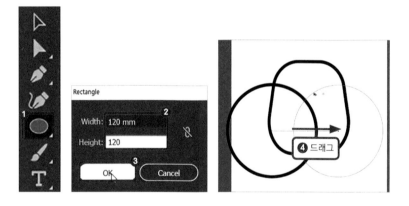

06 [도형 구성 툴 ]로 오브젝트 합치고 없애기

메뉴 바에서 [Select → All]로 만든 도형을 전부 선택한 후 [툴] 패널에서 [도형 구성 툴]을 클릭해 그림과 같이 드래그하세요. 바깥쪽 도형은 Alt 를 누른 채 드래그해 없앱니다.

🔵 [전체 선택] 단축키: Ctrl + A
🔵 [도형 구성 툴] 단축키: Shift + M

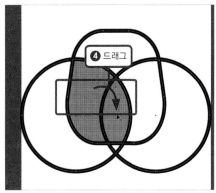

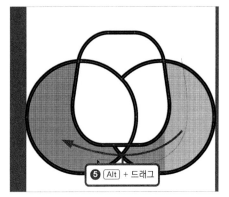

07 도형을 추가로 만들기

다시 [원형 툴]을 이용해 옵션값을 입력한 후 [OK]를 클릭하세요. 그리고 같은 도형을 Alt 를 누른 채 드래그하면서 Shift 를 누르면 정방향으로 복사됩니다.

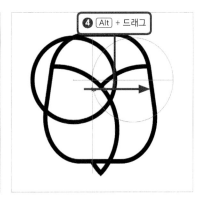

08 [도형 구성 툴 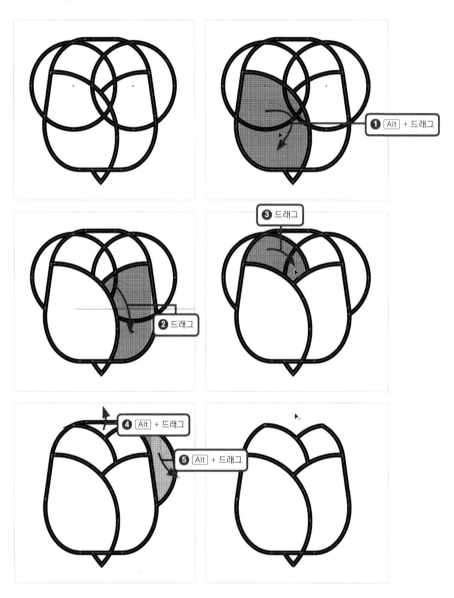]로 변형하기

도형을 전부 선택한 후 [도형 구성 툴 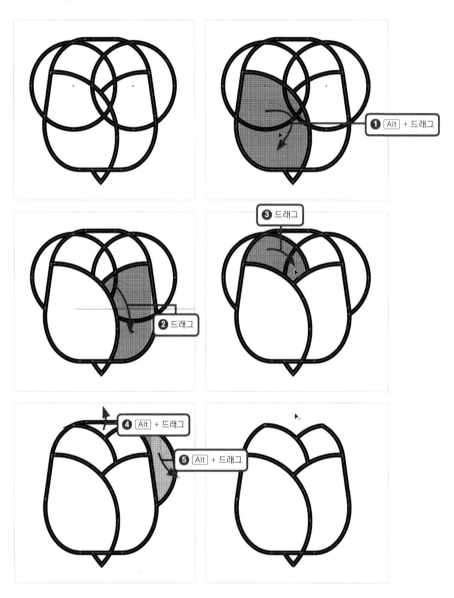]을 클릭해 다음 그림과 같이 합치고 Alt 를 누른 채
드래그해 없앱니다.

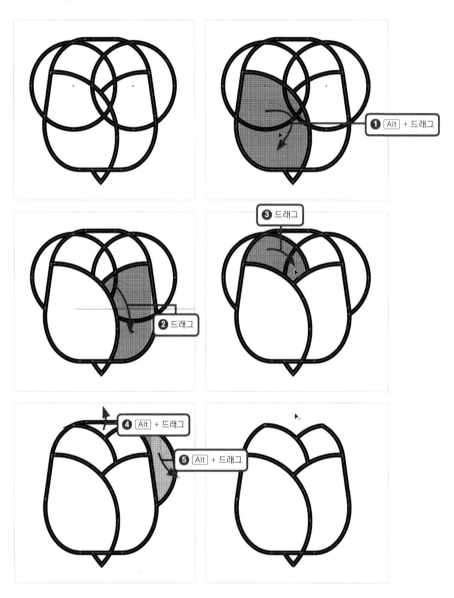

09 찻잔 손잡이 만들기

[원형 툴 ]을 선택한 후 빈 곳을 클릭해 원형의 옵션값을 입력하고 [OK]를 클릭하세요. [선택 툴 ]로 도형을 선택해 꽃봉오리의 오른쪽으로 옮기세요. 메뉴 바에서 [Object → Path → Offset Path]를 클릭해 옵션값을 입력하고 [OK]를 클릭하세요. [도형 구성 툴 ]을 클릭해 찻잔 안쪽의 도형을 하나로 합치세요.

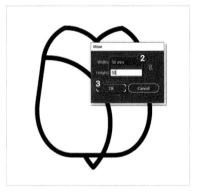

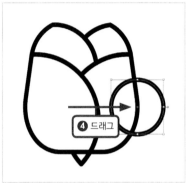

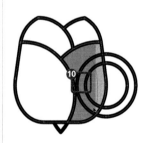

10 포인트 만들기

[펜 툴 ✏]을 선택한 후 Shift를 누른 채 아래로 내리면서 곡선을 만듭니다. 방금 만든 점을 찍어 핸들을 제거한 후 Shift를 누른 채 곡선을 만들면서 마무리하세요.

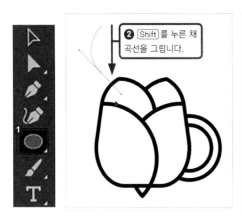

11 기본 색상 적용하기

[속성] 패널에서 [Swatches] 패널을 연 후 오른쪽 상단의 상세 메뉴를 엽니다. 하단에 있는 [Open Swatch Library → Color Books → PANTONE + Solid Coated]를 클릭 하면 팝업 창이 나타납니다. '361'을 입력하고 나뭇잎을 선택한 후 'PANTONE 361 C'를 클릭합니다. 나뭇잎 모양을 [선택 툴 ▶]로 옮겨 찻잔 위에 포인트로 만드세요.

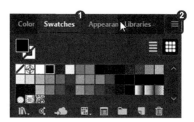

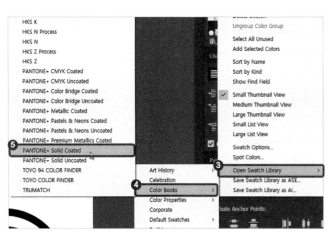
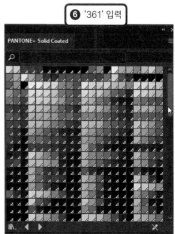

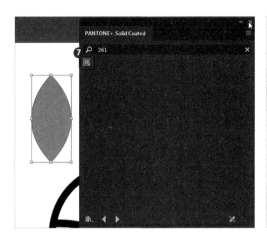

기능 사전 [PANTONE Color]는 왜 사용하나요?

PANTONE은 수많은 색에 고유 번호를 붙여 만든 팬톤 컬러 매칭 시스템을 사용해 디지털 기술, 건축, 패션, 도료 등 산업 전반에서 표준 색채 언어로 사용되고 있어요. 그러므로 명함과 간판을 제작할 경우 업체와 색채 오차를 줄일 수 있습니다. 색 번호 뒤의 U, C는 각각 무광과 유광을 의미해요.

12 상표 넣기

로고의 하단에 상표를 넣어 보겠습니다. [문자 툴 T]을 선택한 후 로고 아래에 '아담카페'를 입력하세요. [속성] 패널의 [Character] 패널을 선택해 옵션값을 정해 줍니다. [문자 툴 T]을 이용해 '아담' 부분을 드래그한 후 앞에서 열었던 팬톤 팝업 창에서 찾았던 색상을 클릭합니다. 그 아래에 '아름다움을 담은 카페'를 입력한 후 옵션값에 맞춰 색상을 바꿔 로고를 완성합니다.

🌢 [Character] 패널 단축키: Ctrl + T

❶ '아담카페' 입력

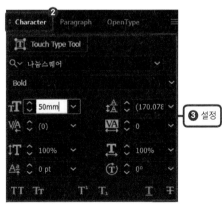

❸ 설정

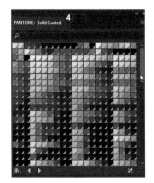

⑥ '아름다움을 담은 카페' 입력

아름다움을 담은 카페

💧 로고에 사용하는 글꼴은 저작권과 상업
용도에 맞게 준비해야 합니다. 무료 글꼴이
라도 어떤 용도로 사용하느냐에 따라 제약
받을 수 있습니다. 유료 글꼴 또한 용도에
맞게 미리 사용 약관을 확인한 후에 구매해
야 합니다.

13 상표 정렬하기

로고와 상표를 정렬해 보겠습니다. [선택 툴 ▶]로 로고를 드래그해 선택합니다. 그런 다음 마우스 오른쪽 버튼을 누르고 [Group]을 클릭합니다. 로고와 상표를 드래그해 선택한 후 [Align] 패널을 열어 하단의 [Align To]를 클릭한 다음 [Align to Artboard]를 클릭합니다. 마지막으로 [Horizontal Align Center]를 클릭해 아트보드를 중앙 정렬합니다.

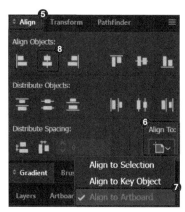

기능 사전

[Align] 패널에서 한 개체에 고정해 정렬하는 방법

A 도형에 B 도형을 고정해 정렬해야 할 때 A와 B를 Shift로 다중 선택하고 A를 한 번 더 클릭하면 이미지가 진한 선택선으로 표시되는 것을 볼 수 있어요. 이 상태에서 정렬하면 B 도형을 A 도형에 고정해서 정렬할 수 있어요!

다중 선택하고 로고를
한 번 더 클릭

로고가 진한 선택
선으로 표시됨.

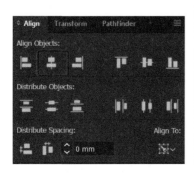

02-2

로고와 이미지를 활용해
배너 만들기

준비 파일 2일_02_이미지.jpg 완성 파일 2일_02_완성.ai 글꼴 나눔손글씨 펜

오늘 배울 기능	하나, 오퍼시티 마스크 적용하기	둘, 선 도형화하기	셋, 광고 문구 적용하기
	·[Transparency] 패널	·[Outline Stroke]	·[Paragraph] 패널

하면 된다! ❯

배너 홍보물
제작하기

영상 보기

01 새 아트보드 생성하기

로고를 제작했으니 실제 결과물을 만들어 볼 차례네요! 이미지를 이용해 우리 가게를 홍보해 줄 배너를 만들어 보면서 일러스트레이터의 다양한 기능도 함께 알아보겠습니다. 일러스트레이터를 실행한 후 메뉴 바에서 [File → New]([Ctrl] + [N])를 클릭합니다. 배너는 실제로 제작되는 인쇄물이므로 옵션값에 맞춰 바꿔 주고 [Create]를 클릭합니다.

02

[사각형 툴 ▣]을 선택한 후 빈 아트보드를 클릭하고 옵션값을 입력해 사각형을 만듭니다. 그리고 아트보드에 맞게 [선택 툴 ▶]로 옮기세요.

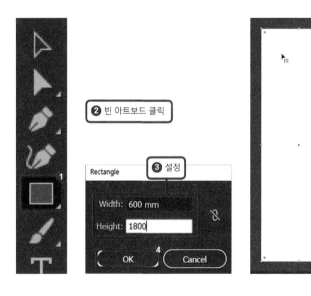

❷ 빈 아트보드 클릭

Rectangle   ❸ 설정

Width: 600 mm

Height: 1800

OK   ❹   Cancel

03 이미지를 불러와 클리핑 마스크 적용하기

메뉴 바에서 [File → Place]를 클릭해 이미지를 불러옵니다. 이미지의 크기를 [속성] 패널에 있는 [Transform] 패널의 옵션값에 맞게 입력한 후 다음 그림과 같이 이미지의 위치를 바꾸세요.

💧 [그림 불러오기] 단축키: Shift + Ctrl + P

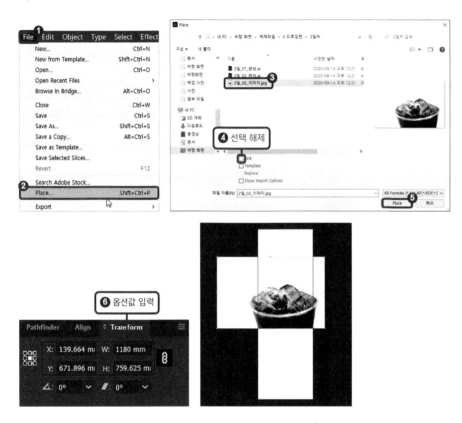

03

[선택 툴 ▶]로 이미지를 선택한 후 마우스 오른쪽 버튼을 누르고 [Arrange → Send to Back]을 클릭해 맨 아래쪽에 배치하세요. 이미지와 사각형을 Shift로 다중 선택한 후 마우스 오른쪽 버튼을 누르고 [Make Clipping Mask]를 클릭하세요.

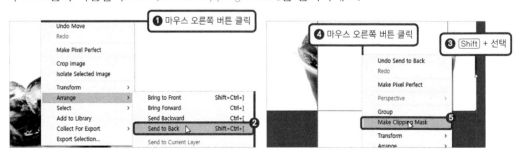

04 클리핑 마스크 안에 사각형을 만들기

[선택 툴 ▶]을 선택한 후 클리핑 마스크 영역을 더블클릭해 영역 안으로 들어갑니다. [사각형 툴 ■]을 클릭해 옵션값에 맞춰 사각형을 만드세요. 그리고 사각형이 사진 위에 올라가도록 배치해 주세요.

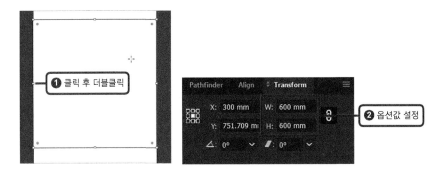

05 오퍼시티 마스크 만들기

사각형의 [속성] 패널에 있는 [Gradient] 패널을 연 후 옵션값에 맞춰 그레이디언트를 만듭니다. [선택 툴 ▶]을 선택한 후 이미지와 사각형을 [Shift]를 눌러 다중 선택하고 [속성] 패널에서 [Transparency] 패널을 연 다음 [Make Mask] 버튼을 클릭해 적용합니다.

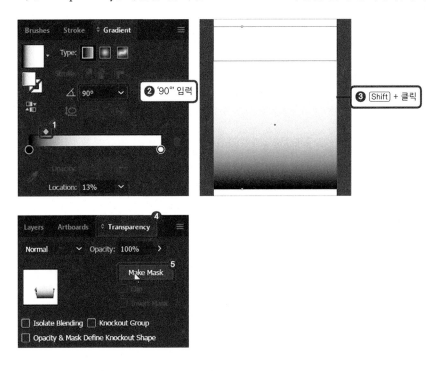

06 하단에 배경 만들기

하단에 배경을 만들어 보겠습니다. [사각형 툴 ■]를 클릭하고 (Enter)를 눌러 옵션값을 입력
한 후 [OK]를 클릭합니다. [Transform] 패널을 연 후 옵션값을 입력해 배치를 이동합니다.

Rectangle 옵션값
Width: 600mm
Height: 1160mm

Transform 옵션값
X: 300mm
Y: 1220mm

07 마스크 영역에서 나와 로고 넣기

마우스 오른쪽 버튼을 누른 후 [Arrange → Send to Back]을 클릭해 맨 아래쪽에 배치하세
요. [Color] 패널을 연 후 옵션값을 입력해 색상을 바꿉니다.

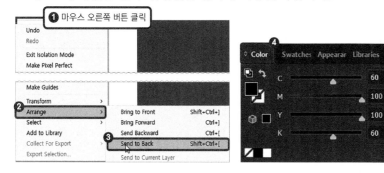

Color 옵션값
C: 60
M: 100
Y: 100
K: 60

기능 사전

[Color] 패널에서 색이 선택되지 않아요!
오브젝트가 무채색일 경우 [Grayscale]로 바뀌어 색이 선택되지 않을 수 있습니다. 오른쪽 상단 메뉴를 열어 색상 옵션을 변경하세요.

08 마스크 영역에서 나와 로고 넣기

[선택 툴 ▶]로 바깥 영역을 더블클릭해 마스크 영역에서 나옵니다. 1번 단계에서 만든 로고를 불러옵니다. 선을 도형으로 만들기 위해 로고를 선택한 채 [Object → Path → Outline Stroke]를 클릭합니다. 그런 다음 마우스 오른쪽 버튼을 누르고 [Group]을 클릭하세요. [속성] 패널에 있는 [Transform] 패널에서 오른쪽의 🔗에 체크 표시를 한 후 옵션값에 맞춰 크기를 변경하고 그림과 같이 로고를 상단에 배치합니다.

Align 옵션값

Horizontal: Align Center
Vertical: Align Center

09 배너 하단에 광고 문구 넣기

[문자 툴 **T**]을 클릭한 후 옵션값에 맞게 문구를 작성합니다. 문구를 [선택 툴 ▶]로 클릭하고
[속성] 패널에 있는 [Paragraph] 패널에서 [Align Center]를 클릭해 글자를 중간 정렬하세요.
[선택 툴 ▶]로 배너 바탕과 글자를 다중 선택한 후 [Alt]를 누른 채 배너 바탕을 한 번 더 클릭
하고 [Align] 패널에 있는 [Horizontal Align Center]를 클릭해 세로 중앙 정렬합니다.

Character 옵션값
Font: 나눔손글씨 펜
Font size: 60mm

💧 로고의 크기를 바꾸면 선의 굵기가 달라집니다.
크기를 변경해야 하는 응용 작업에서는 선을 도형으
로 만듭니다!

💧 [그룹화] 단축키: [Ctrl] + [G]

배너를 설치했을 때 예상도입니다.

제작한 로고는 다음과 같이 응용할 수 있어요!

명함 제작

머그컵 제작

간판 제작

포장지 & 일회용 컵 제작

이외에도 홍보물을 다양하게 만들어 활용할 수 있어요!

기능 사전 클리핑 마스크와 오퍼시티 마스크의 차이가 뭐예요?

클리핑 마스크는 마스크 영역을 만들어 안에 들어간 오브젝트가 마스크 영역만 보이게 하는 기능입니다. 이 기능은 오브젝트를 선택할 때 마스크 영역에만 한정됩니다.

반면, 오퍼시티 마스크는 마스크 공간이 만들어지고 공간 내 도형의 밝기에 따라 오브젝트의 투명도가 달라지는 기능입니다. 이 기능을 사용하면 오브젝트를 선택할 때 투명도만 조절되므로 오브젝트가 모두 선택됩니다. 따라서 마스크 공간의 오브젝트에 그레이디언트를 적용할 경우 천천히 사라지는 효과를 연출할 수 있습니다.

복습 | 10분 만에 만들어야 한다!

'2일_02_복습.ai'를 다음 그림과 같이 변형해 보세요.

준비 파일 2일_02_복습.ai
완료 파일 2일_02_복습완성.ai
폰트 CookieRunOTF

3일차

손그림처럼 그리기

이미지를 불러와
트레이싱하기

준비 파일 **3일_01_이미지.jpg** 완성 파일 **3일_01_완성.ai**

오늘 배울 기능	하나, Template 적용하기	둘, 밑 선 그리기
	· [Layers] 패널	· [펜 툴 🖊] · [매끄럽게 툴 🖊]

일러스트레이터는 도형을 자르고 복사해 붙여 디자인하는 것 말고도 기본 툴을 이용해 드로 잉할 수 있습니다. 이번에는 [펜 툴 ✒]을 이용해 [태블릿 툴] 없이도 손으로 그린 듯한 자연 스러운 캐릭터를 그려 보겠습니다.

하면 된다! ⟩

트레이싱해 보기

영상 보기

01 새 아트보드 생성하기

이번에 만들 예제를 이용해 일러스트레이터에서 트레이싱하 는 방법을 배워 봅시다. 캐릭터 외에도 로고, 이미지 작업을 벡터 파일로 옮겨 그릴 때 사용하는 방법이므로 차근차근 따 라 해 보세요. 메뉴 바에서 [File → New]([Ctrl] + [N])를 선택 합니다. 아트보드를 A4 규격으로 설정해 만듭니다.

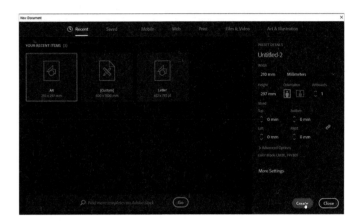

02 이미지 파일을 불러오기

[File → Place]를 클릭한 후 '3일_01_이미지.jpg'라는 이름의 이미지를 찾아 선택하고 [Link] 를 선택 해제한 다음 불러옵니다.

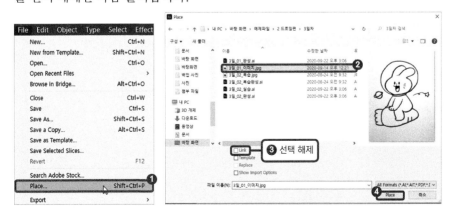

❸ 선택 해제

기능 사전 [Link]는 왜 해제하나요?

링크돼 있는 이미지는 원본 이미지와 연결돼 있어서 원본 이미지가 없는 컴퓨터에서 열면 이미지가 보이지 않을 수 있어요. 링크를 해제하거나 사용자의 컴퓨터에 링크와 연결된 파일이 들어 있어야 합니다.

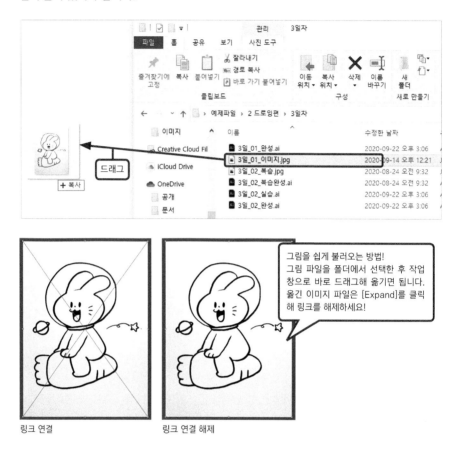

링크 연결   링크 연결 해제

03 이미지 레이어에 템플릿 적용하기

[속성] 패널의 [Layers] 패널에서 오른쪽 상단 메뉴를 클릭한 후 [Template]을 눌러 적용합니다. 그리고 하단에 있는 [Create New Layer ⊞]를 클릭해 새 레이어를 생성하세요.

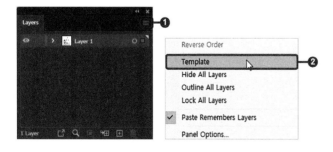

❸

기능 사전 Template을 해 주는 이유는 뭔가요?

일러스트레이터에서 [View → Outline]을 클릭하면 선과 도형의 형태를 볼 때 윤곽만 볼 수 있어요. 패스의 선 두께나 색 때문에 보이지 않던 부분도 모두 볼 수 있답니다. 일반 레이어에서 [Outline]을 하면 사진이 아예 보이지 않으므로 사진 위에서 [펜 툴 ✎]로 작업할 때는 [Template] 기능을 잊지 말고 사용해야 합니다.

[Template을 적용했을 때]

단축키: Ctrl + Y

템플릿이 적용된 레이어

[Template을 적용되지 않을 때]

밑그림이 보이지 않아요.

일반 레이어 경우

04 [펜 툴 🖊]을 이용해 선 따기

[펜 툴 🖊]을 클릭해 손그림의 모양대로 선을 따세요. 선 모양이 부드럽게 안 그려진다면 [매끄럽게 툴 🖊]을 이용하세요. 원하는 방향으로 그어 주면 선이 자연스럽게 바뀌면서 부드러워집니다.

❷ [매끄럽게 툴 🖊]을 선택한 채 드래그

❶ [펜 툴 🖊]로 그림 선 따기

💧 [매끄럽게 툴 🖊]은 [툴] 패널에 숨어 있는 도구예요. [툴] 패널 아래에 있는 🖊를 클릭한 후 패널로 드래그해 사용하세요!

기능 사전   [펜 툴]을 쓰면서 세부 수정을 할 수 있어요!

[펜 툴 🖊]을 쓰면서 Ctrl 을 누르면 [직접 선택 툴 ▶]이 나타나요. 선택을 해제하거나 다른 선을 선택할 때나 수정할 때 편리해요!

Ctrl 을 누르면 [직접 선택 툴 ▶]로 변경

[매끄럽게 툴] 은 어떻게 사용하나요?

[펜 툴 ✏️]로 오브젝트를 만들 때 처음부터 완벽하게 선을 만들 수는 없어요! 각지거나 울퉁불퉁한 오브젝트에 [매끄럽게 툴 🖋️]을 사용하면 표면을 매끄럽게 만들 수 있습니다. 오브젝트를 선택한 채 [매끄럽게 툴 🖋️]을 클릭한 후 원하는 방향으로 여러 번 드래그하면 됩니다.

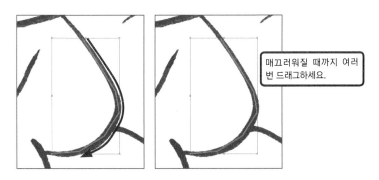

매끄러워질 때까지 여러 번 드래그하세요.

고정점이 많아 복잡한 오브젝트는 [매끄럽게 툴 🖋️]을 이용해 단순하게 바꿔 줄 수 있어요.

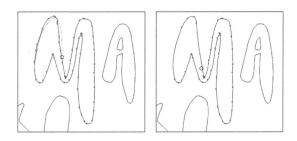

05 [도형 툴]로 별과 행성 만들기

[별 도형 툴 ☆]을 선택한 후 (Shift)를 누른 채 별 도형을 만드세요. [직접 선택 툴 ▶]로 모서리를 클릭해 동그랗게 해 준 후 스케치처럼 배치하세요. 행성도 만들어 볼까요? [원형 툴 ⬤]을 선택한 후 (Shift)를 누른 채 만드세요. 행성 고리는 [펜 툴 ✏️]로 만드세요.

❷ (Shift)를 누른 채 드래그

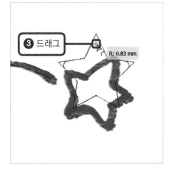

❸ 드래그

R: 0.83 mm

💧 모서리에 생기는 점을 각각 안쪽으로 드래그하세요.

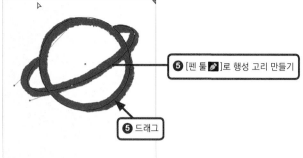

⑤ [펜 툴 ✏]로 행성 고리 만들기

⑤ 드래그

④ (Shift)를 누른 채 드래그

06 템플릿 해제하기

선을 전부 땄으면 손그림 레이어를 템플릿을 해제해 비교하면서 선을 정리하겠습니다. 이미지 레이어를 클릭한 후 레이어 오른쪽 상단의 메뉴를 열고 [Template]을 눌러 해제하세요. 그리고 이미지를 [선택 툴 ▶]로 클릭해 왼쪽으로 옮기세요.

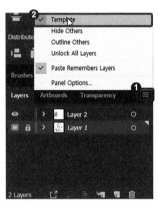

③ 드래그

07 선 두께를 바꾸고 다듬기

[Stroke] 패널을 열어 옵션값에 맞춰 선을 바꾸고, 눈과 코는 면 색을 '검은색', 선 색은 '없음'으로 설정하세요. 선을 딴 부분과 이미지를 비교하면서 어색한 부분은 [직접 선택 툴 ▶]과 [매끄럽게 툴 ✏]을 이용해 다듬으세요.

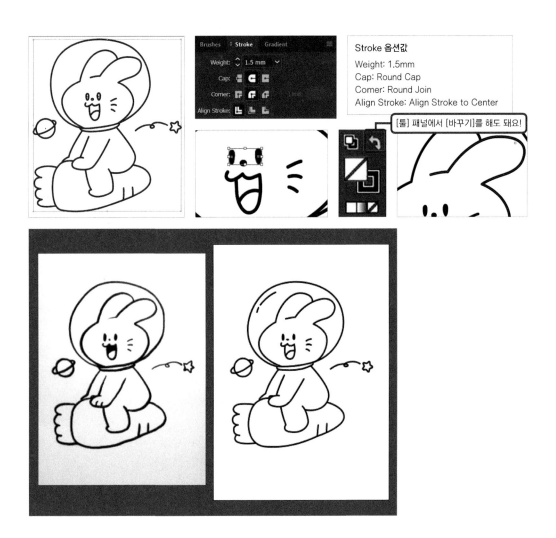

Stroke 옵션값

Weight: 1.5mm
Cap: Round Cap
Corner: Round Join
Align Stroke: Align Stroke to Center

[툴] 패널에서 [바꾸기]를 해도 돼요!

03-2

손그림처럼 바꿔 보자!
선의 굵기와 색

준비 파일 3일_02_실습.ai 완성 파일 3일_02_완성.ai

오늘 배울 기능	하나, 선 굵기 조정하기	둘, 색상 채우기
	·[폭 조정 툴 🖊]	·[라이브 페인트 툴 🪣]

하면 된다!

선 굵기 조정하고
색상 쉽게 변경하기

영상 보기

01 실습 파일 열기

태블릿으로 선을 그린 것처럼 선의 굵기를 조정해 강약을 넣어 보겠습니다. 그리고 새로운 툴인 [라이브 페인트 툴 🎨]을 사용해 좀 더 쉽게 색깔을 넣어 예제를 완성해 봅시다.

03-1절 실습을 진행했다면 그대로, 생략했다면 '3일_02_실습.ai'를 불러옵니다.

02 선의 굵기 조정하기

손그림처럼 선에 강약을 주겠습니다. [선택 툴 ▶]로 수정할 선을 선택하세요. [툴] 패널에서 [폭 조정 툴 🐍]((Shift)+(W))을 클릭한 후 선의 시작을 왼쪽으로 드래그해 폭을 얇게 하세요. 선의 중간 부분은 오른쪽으로 드래그해 굵게 바꾸세요. 모든 선의 폭을 조정해 바꾸세요.

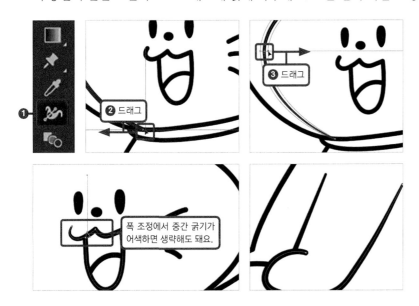

03 선 굵기 조정해 저장하기

이번에는 선을 저장한 후 마음대로 적용해 사용하는 방법을 알아보겠습니다. [펜 툴 🖊]을 선택한 후 Shift를 눌러 직선을 만듭니다. [폭 조정 툴 🖍]을 이용해 선의 시작과 끝은 '얇게', 중간은 '굵게' 설정해 만드세요. 그리고 [속성] 패널에서 [Stroke] 오른쪽의 화살표를 클릭한 후 [Add to Profiles]를 클릭해 저장합니다.

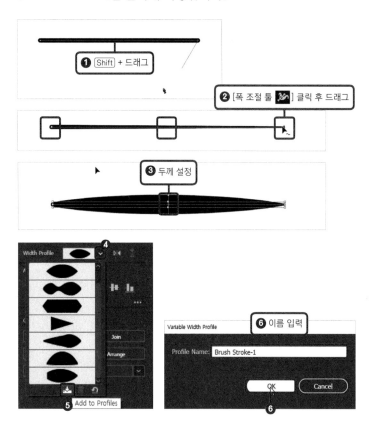

04 만든 선 적용하기

새로 만든 선을 적용해 보겠습니다. 별 꼬리 선을 [선택 툴 ▶]로 선택한 후 [속성] 패널에서 [Stroke]의 오른쪽 화살표를 클릭해 저장한 선을 클릭하세요. 선이 쉽게 적용된 것을 확인할 수 있어요. 이와 마찬가지로 토끼의 수염 부분에도 선을 적용해 보겠습니다.

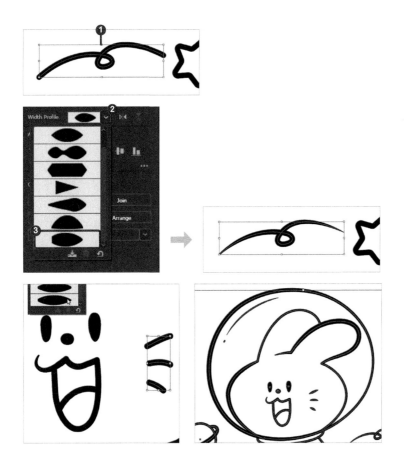

05 선 색깔 바꾸기

검은색만 있으니 캐릭터가 밋밋하네요. 옵션값에 맞춰 각 선의 색깔을 바꾸세요.

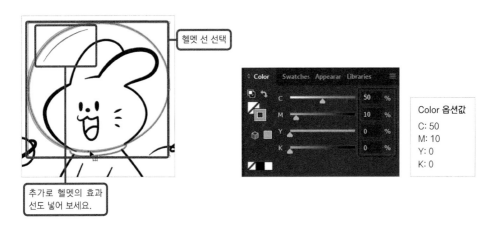

헬멧 선 선택

추가로 헬멧의 효과
선도 넣어 보세요.

Color 옵션값
C: 50
M: 10
Y: 0
K: 0

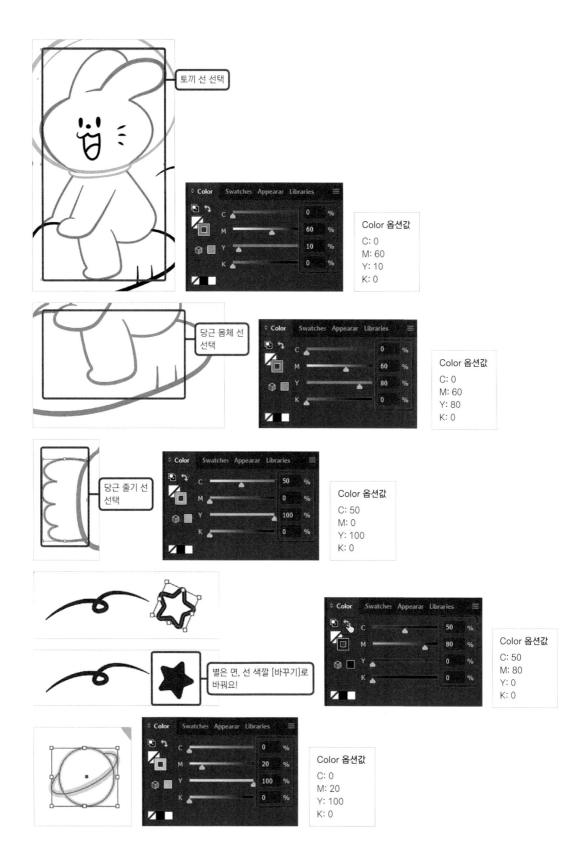

토끼 선 선택

Color 옵션값
C: 0
M: 60
Y: 10
K: 0

당근 몸체 선 선택

Color 옵션값
C: 0
M: 60
Y: 80
K: 0

당근 줄기 선 선택

Color 옵션값
C: 50
M: 0
Y: 100
K: 0

별은 면, 선 색깔 [바꾸기]로 바꿔요!

Color 옵션값
C: 50
M: 80
Y: 0
K: 0

Color 옵션값
C: 0
M: 20
Y: 100
K: 0

06 선 순서 바꾸기

선의 순서가 달라 다른 선을 침범하는 영역이 보이면 어색해 보여요. 헬멧 선을 [선택 툴 ▶]로 선택한 후 마우스 오른쪽 버튼을 누르고 [Arrange → Bring to Front]를 클릭해 순서를 가장 위로 바꾸세요. 당근 줄기 선은 [Arrange → Send to Back]을 클릭해 순서를 맨 뒤로 바꾸세요.

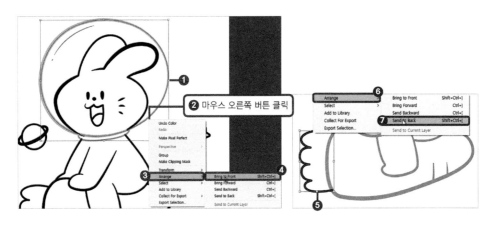

07 선을 도형으로 바꾸기

선 정리 완료! 이제는 색을 쉽게 넣기 위해 면을 만들어야 해요. [선택 툴 ▶]을 클릭한 후 토끼를 전체 선택하세요. 메뉴 바에서 [Object → Path → Outline Stroke]를 클릭해 선을 도형으로 만드세요.

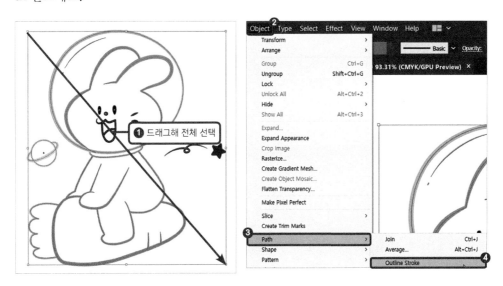

08 [라이브 페인트 툴 ]로 색 채우기

토끼가 전체 선택된 채로 [라이브 페인트 툴 ]을 클
릭해 옵션값에 맞는 색깔을 채우세요.

🔹 [라이브 페인트 툴] 단축키: K

[라이브 페인트 툴 ]이 보이지 않을
경우 하단의 ···를 눌러 숨은 툴을 찾아
[툴] 패널에 드래그하세요.

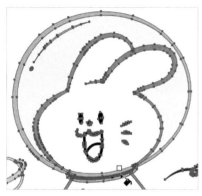

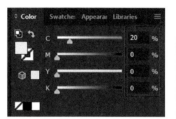

Color 옵션값

C: 20
M: 0
Y: 0
K: 0

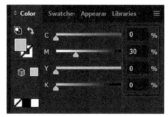

Color 옵션값

C: 0
M: 30
Y: 0
K: 0

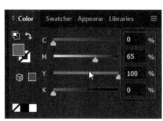

Color 옵션값

C: 0
M: 65
Y: 100
K: 0

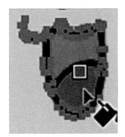
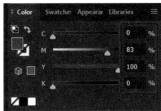

Color 옵션값

C: 0
M: 83
Y: 100
K: 0

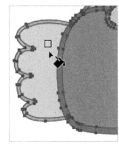

Color 옵션값

C: 30
M: 0
Y: 80
K: 0

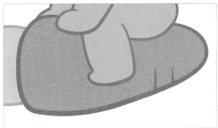
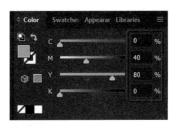

Color 옵션값

C: 0
M: 40
Y: 80
K: 0

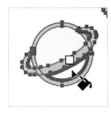
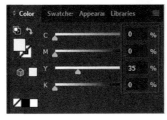

Color 옵션값

C: 0
M: 0
Y: 35
K: 0

09 [라이브 페인트 툴 🎨]을 확장해 완성하기

[라이브 페인트 툴 🎨]로 색을 전부 넣었어요. 하지만 [라이브 페인트 툴 🎨]이 활성화된 오브젝트는 세부 선택이 되지 않아요. 메뉴 바에서 [Object → Live Paint → Expand]를 클릭하면 오브젝트로 확장되면서 세부 선택을 할 수 있어요.

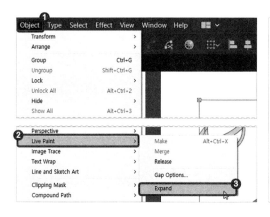

기능 사전 [라이브 페인트 툴]이란?

일러스트레이터에서는 1개의 오브젝트에 면과 선이 한 가지로만 정해져서 여러 색깔을 넣기 어려워요! 이럴 때 [라이브 페인트 툴 🖐]을 이용하면 각 면에 색깔을 넣을 수 있습니다. 선만 있는 오브젝트에 활용해 보겠습니다.

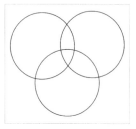
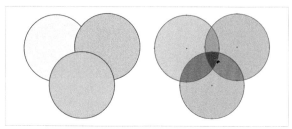

색이 없는 원 형 오브젝트 3개입니다.　　[라이브 페인트 툴 🖐] 없이 면 색을 넣었을 때　　[라이브 페인트 툴 🖐]로 색을 넣었을 때

복습 | 10분 만에 만들어야 한다!

'3일_02_복습.jpg' 파일을 살펴보고 오른쪽 그림과 같이 그려 보세요.

준비 파일 3일_02_복습.jpg
완료 파일 3일_02_복습완성.ai

4일차

빈티지한 수채화 패턴 만들기

색다르게! 빈티지 수채화 느낌의
패턴 만들기

준비 파일 **4일_01_실습.ai** 완성 파일 **4일_01_완성.ai**

오늘 배울 기능	하나,	둘,	셋,
	오브젝트 선택하기	여러 개의 오브젝트 나누기	새 패턴 만들기
	•[올가미 툴 🔳]	•[Pathfinder] 패널	•[Pattern]

하면 된다!⟩

꽃무늬 패턴 만들기

영상 보기

01 예제 파일 불러오기

수채화 그림을 벡터로 만든 예제 파일로 패턴을 만들어 보겠습니다. 패턴은 자연스럽게 이어지는 것이 중요하므로 마지막까지 집중해 알아보겠습니다.

일러스트레이터를 실행한 후 메뉴 바에서 [File → Open]을 선택해 '04_01_실습.ai'를 불러옵니다.

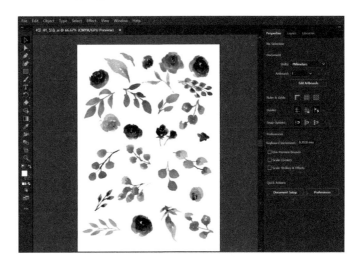

02 원하는 오브젝트 선택하기

[올가미 툴 🔲]을 선택한 후 꽃 영역을 드래그해 선택하세요. 그리고 마우스 오른쪽 버튼을 누르고 [Group]을 클릭하세요. 이와 똑같은 방식으로 오브젝트 다섯 가지를 그룹화하세요.

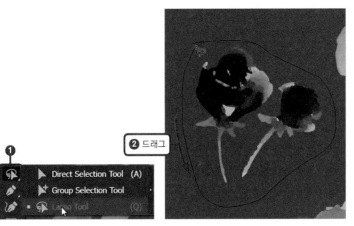

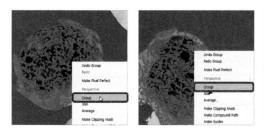
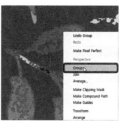
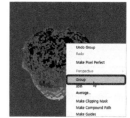

💧 [그룹] 단축키: Ctrl + G

03 그룹화된 오브젝트를 복사하고 사각형 만들기

[선택 툴 ▶]을 클릭한 후 Shift 를 누른 채 그룹화된 오브젝트 5개를 선택하세요. 오른쪽으로
드래그하면서 Alt 를 눌러 복사한 후 옮기세요.

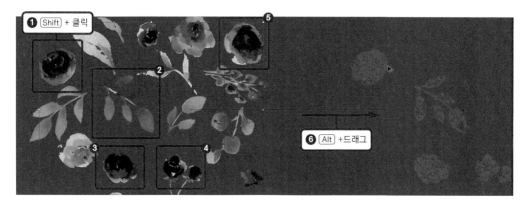

04 그런 다음 패턴에 필요한 영역을 만듭니다. [사각형 툴 ■]을 클릭한 후 빈 곳을 클릭
해 옵션값을 입력하고 [OK]를 클릭해 사각형을 만드세요. [Color] 패널을 눌러 앞에서 만든
사각형의 색상을 옵션값으로 바꿉니다.

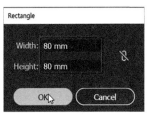

Rectangle 옵션값
Width: 80mm
Height: 80mm

Color 옵션값
Fill: None
Stroke: White
C: 0, M: 0, Y: 0, K: 0

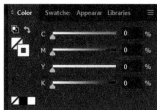

기능 사전 오브젝트가 서로 겹칠 경우에는 어떻게 해야 하나요?

사방에 배치한 오브젝트는 순서가 달라 겹치게 배치하면 패턴이 끊어져 보이는 현상이 발생합니다. 가능한 한 겹치지 않게 배치하세요!

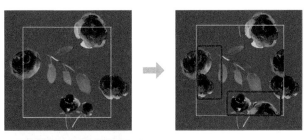

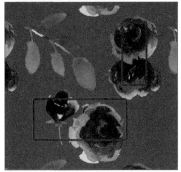

04 사각형 안에 오브젝트 배치하기

[선택 툴 ▶]을 이용해 사각형 안에 오브젝트를 5개 배치하세요. 패턴이 자연스럽게 보일 수 있도록 사각형에서 조금 겹치게 배치하세요.

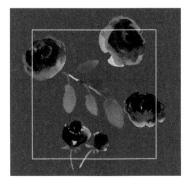
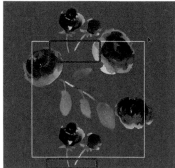

05 사각형을 사방으로 복사하기

[선택 툴 ▶]을 클릭한 후 사각형을 선택하고 [Enter]를 누르면 이동 팝업 창이 나타납니다. 옵
션값에 맞춰 입력한 후 [Copy]를 눌러 복사하세요. 이와 똑같은 방식을 사용해 사방으로 사각
형을 복사합니다.

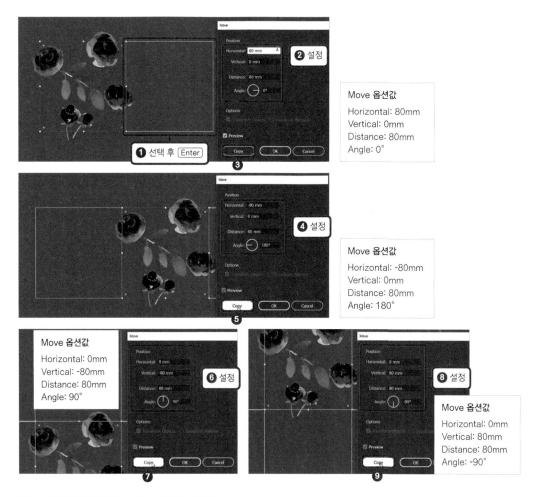

Move 옵션값

Horizontal: 80mm
Vertical: 0mm
Distance: 80mm
Angle: 0°

Move 옵션값

Horizontal: -80mm
Vertical: 0mm
Distance: 80mm
Angle: 180°

Move 옵션값

Horizontal: 0mm
Vertical: -80mm
Distance: 80mm
Angle: 90°

Move 옵션값

Horizontal: 0mm
Vertical: 80mm
Distance: 80mm
Angle: -90°

❶ 선택 후 [Enter] ❷ 설정 ❸
❹ 설정 ❺
❻ 설정 ❼
❽ 설정 ❾

06 꽃 오브젝트 복사하기

[선택 툴 ▶]을 클릭한 후 Shift 를 누른 채 겹쳐 있는 꽃 오브젝트를 다중 선택하세요. 그리고
Ctrl + C 를 눌러 복사한 후 Ctrl + F 를 눌러 제자리 상위 붙여 넣기하세요.

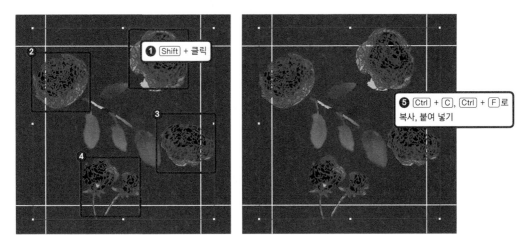

07 꽃 오브젝트와 겹치는 사방 사각형에 클리핑 마스크하기

각 위치에 겹치는 오브젝트와 사각형으로 클리핑 마스크를 만들겠습니다. [선택 툴 ▶]을 클
릭한 후 Shift 를 누른 채 꽃 오브젝트 1개와 겹쳐진 사각형 1개를 선택하세요. 그리고 마우스
오른쪽 버튼을 누르고 [Make Clipping Mask]를 클릭해 적용합니다. 다른 겹쳐 있는 오브젝
트도 이와 똑같은 방식으로 모두 [Clipping Mask]하세요.

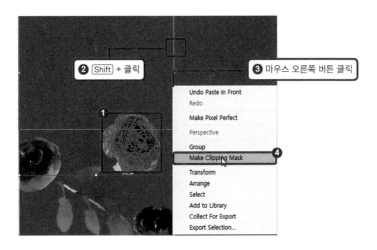

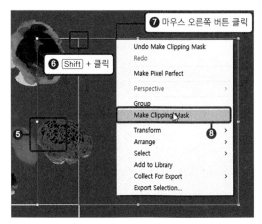

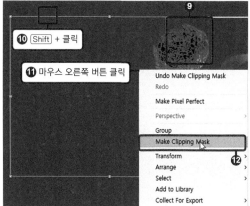

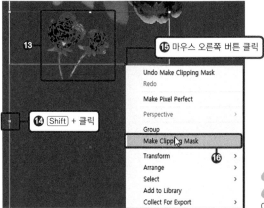

🔵 [클리핑 마스크] 단축키: Ctrl + 7
🔵 클리핑 마스크가 적용되지 않을 경우에는 사각형이 마스크 영역
이 되도록 순서를 가장 위로 올라오게 하세요.

08 클리핑 마스크 사각형 순서 바꾸기

마지막으로 가운데 사각형으로 클리핑 마스크를 만들어야 하는데, 사방 박스 때문에 클릭하기 어렵네요. [선택 툴 ▶]을 클릭한 후 Shift 를 누른 채 클리핑 마스크 영역이 된 사각형을 선택하고 마우스 오른쪽 버튼을 누르고 [Arrange → Send to Back]을 클릭해 순서를 가장 아래로 보냅니다.

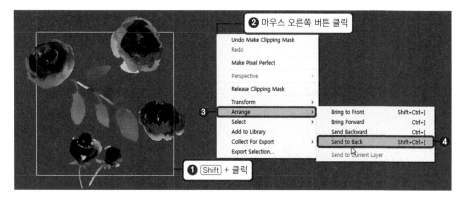

09 마스크 영역을 중앙 정렬하기

클리핑 마스크 영역이 선택된 채로 [속성] 패널의 [Align]에서 [Horizontal Align Center] 와 [Vertical Align Center]를 클릭해 중앙 정렬하세요.

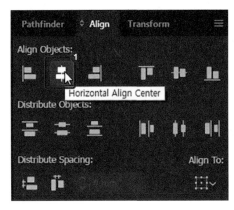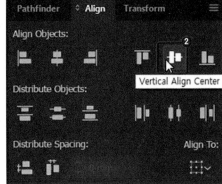

10 전부 선택해 클리핑 마스크하기

패턴이 만들기 전 마지막 단계에요! [선택 툴]을 클릭한 후 Shift를 누른 채 드래그해 전체 선택하세요. 그런 다음 마우스 오른쪽 버튼을 누르고 [Make Clipping Mask]를 클릭하세요.

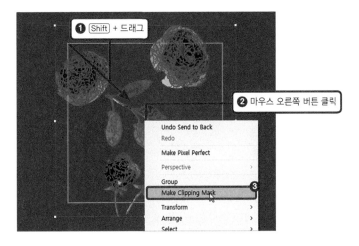

11 [Pathfinder] 패널에서 나누기

클리핑 마스크 영역이 선택된 채 [속성] 패널에서 [Pathfinder] 패널을 연 후 [Divide]를 눌러
적용합니다.

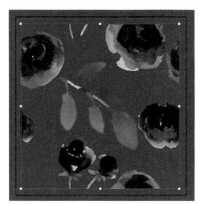

💧 [Pathfinder] 패널 열기 단축키: Shift + Ctrl + F9

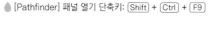

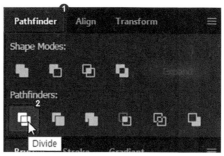

12 패턴 만들기

메뉴 바에서 [Object → Pattern → Make]를 클릭해 팝업 창이 나타나면 [OK]를 클릭해 없앱
니다. 미리보기가 나오면 패턴 이름을 입력한 후 상단의 [Done]을 눌러 패턴을 저장합니다.

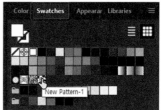

💧 새로운 패턴은 [Swatch] 패널에 추가됩니다. 그리고 편집 모드에서 변경한 사항은 견본에 적용됩니다.

💧 [Swatches] 패널에 추가된 패턴을 확인할 수 있습니다.

[Swatches] 패널이 안보인다면 메뉴 바에서 [Window → Swatches]를 누르세요.

13 만든 패턴을 적용할 사각형 만들기

[사각형 툴 ■]을 클릭한 후 옵션값을 입력하고 [OK]를 클릭해 도형을 만드세요. [Color] 패널을 열고 옵션값을 입력하세요.

Rectangle 옵션값
Width: 200mm
Height: 200mm

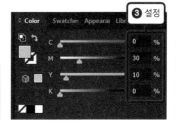

Color 옵션값
C: 0
M: 30
Y: 10
K: 0

14 패턴 적용하기

[선택 툴 ▶]로 사각형을 선택한 후 Ctrl + C, Ctrl + F를 눌러 상단에 복사, 붙여 넣기하세요. [속성] 패널에서 [Swatchs] 패널을 연 후 저장한 패턴을 눌러 지정해 주면 완성됩니다.

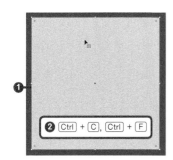

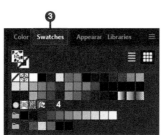

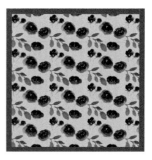

04-2

요리조리 패턴을
줄이고 확대해 만들기

준비 파일 **4일_02_실습.ai** 완성 파일 **4일_02_완성.ai**

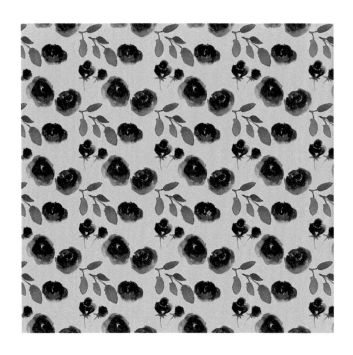

오늘
배울
기능

하나,
패턴 크기 바꾸기

둘,
패턴 회전하기

셋
패턴 위치 변경하기

• [크기 조절 툴 ⊞]

• [회전 툴 ⟳]

• [선택 툴 ▶]

하면 된다! ›

패턴 수정하기

영상 보기

01 실습 파일 열기

만들어 둔 패턴의 크기와 각도, 위치를 쉽게 바꾸는 툴을 알아보면서 패턴을 완성해 보겠습니다. 04-1절에서 만든 패턴을 응용해 보겠습니다. 앞의 실습을 생략했다면 '4일_02_실습.ai'를 불러옵니다.

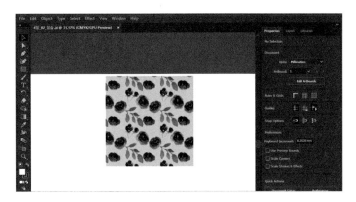

02 크기 조절하기

먼저 크기를 조절하겠습니다. [선택 툴 ▶]을 클릭한 후 패턴이 적용된 사각형을 선택하세요. 그리고 [크기 조절 툴 ⬚]을 클릭한 후 [Enter]를 누르면 팝업 창이 나타납니다. 옵션값을 입력한 후 [OK]를 클릭하면 패턴의 크기가 작아집니다. 💧 [크기 조절 툴 ⬚] 단축키: [S]

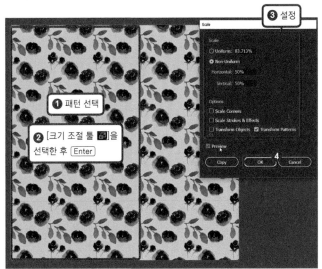

Scale 옵션값

Non-Uniform: 체크 표시
Horizontal: 50mm
Vertical: 50mm
Transform Patterns: 체크 표시

03 [크기 조절 툴 ⬚]을 선택한 후 ⌐를 누른 채 마우스를 드래그해도 패턴의 크기를 줄일 수 있습니다.

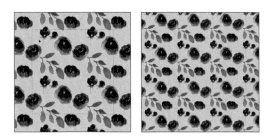

04 패턴 각도 변경하기

이번에는 패턴의 각도를 바꿔 보겠습니다. [회전 툴 ◑]을 클릭한 후 Enter 를 누르면 팝업 창이 나타납니다. 옵션값에 맞춰 바꿔 주면 패턴의 각도가 바뀝니다.

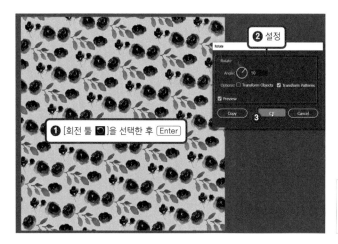

❶ [회전 툴 ◑]을 선택한 후 Enter

❷ 설정

Rotate 옵션값
Angle: 50°
Transform Pattern: 체크 표시

05 [회전 툴 ◑]을 선택한 후 ⌐를 누른 채 마우스를 드래그해도 패턴의 각도를 변경할 수 있습니다.

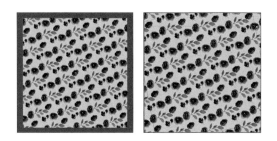

06 패턴 위치 조정하기

마지막으로 패턴의 위치를 바꿔 보겠습니다. [선택 툴 ▶]을 클릭한 후 (Enter)를 눌러 팝업 창
이 나타나면 옵션값에 맞춰 바꿔 패턴의 위치를 바꾸면 완성입니다.

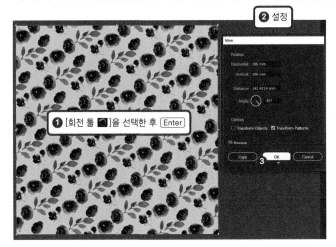

Move 옵션값

Horizontal: 100mm
Vertical: 100mm
Angle: 45°
Transform Patterns: 체크 표시

07

[선택 툴 ▶]을 클릭한 후 (`)를 누른 채 마우스를 드래그해도 패턴의 각도를 변경할
수 있습니다.

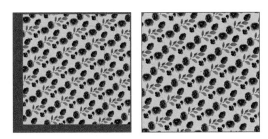

패턴을 적용한 예시

패턴 자체를 수정하고 싶을 때는 어떻게 하면 되나요?

패턴 자체를 수정하고 싶다면 [Swatches]에 저장한 패턴을 더블클릭해 보세요. [패턴 설정] 창으로 변경되면서 패턴을 수정할 수 있습니다. 패턴을 수정한 후 [Done]을 클릭하면 수정된 상태로 저장됩니다.

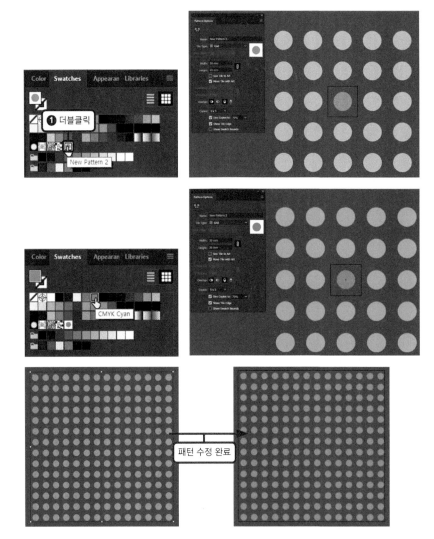

복습 | 10분 만에 만들어야 한다!

'4일_02_복습.ai'를 불러와 패턴을
만들어 보세요.

준비 파일 **4일_02_복습.ai**
완료 파일 **4일_02_복습완성.ai**

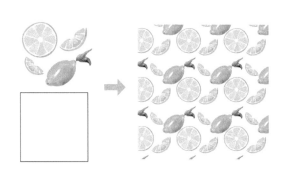

5일차

캘리그래피로
마음 전하기

나만의 손글씨를
일러스트레이터로 옮기기

준비 파일 5일_01_이미지.jpg 완성 파일 5일_01_완성.ai

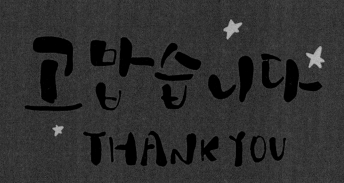

오늘 배울 기능	하나, 이미지 불러오기	둘, [Image Trace] 알아보기	셋, 오브젝트 다듬고 정렬하기
	· [Place]	· [Image Trace]	· [매끄럽게 툴 ✐] · [Align] 패널

캘리그래피란?

캘리그래피(calligraphy)란 글자를 아름답게 쓰는 기술을 의미하고 좁게는 서예, 넓게는 모든 활자 이외의 글꼴을 가리킵니다. 손글씨로 직접 쓰는 사람도 있고 디지털 그래픽 프로그램으로 정교하게 제작하는 사람도 있습니다.

캘리그래피는 이미 일상생활에서 드라마 제목, 광고, 로고, 상품 패키지 등으로 우리에게 친숙합니다. 많은 사람이 쉽게 배워 부담스럽지 않을 뿐 아니라 실용적으로 다양하게 활용해 볼 수 있어 취미 생활로도 즐기고 있습니다. 자신만의 개성 있는 감성을 캘리그래피로 표현해 보세요.

그리고 전달력이 있는 캘리그래피는 각종 미디어의 타이틀, 북커버 디자인, 제품의 패키지 디자인 등 다양한 분야에서 활용됩니다.

하면 된다!♪

손글씨를
벡터로 만들기

영상 보기

01 새 아트보드 생성하기

손으로 직접 쓴 글씨를 일러스트레이터에서 벡터 파일로 바꿔 보겠습니다. 더 나아가 캘리그래피도 좀 더 알아보겠습니다. 일러스트레이터를 실행한 후 메뉴 바에서 [File → New] ([Ctrl] + [N])을 클릭하세요. [New Document] 창에 옵션값을 넣은 후 [OK]를 클릭합니다.

02 이미지 파일 불러오기

메뉴 바에서 [File → Place]를 눌러 '5일_01_이미지.jpg' 파일을 선택한 후 [Link]를 선택 해제하고 [Place]를 클릭합니다. 이미지는 마우스로 드래그해 아트보드 밖의 영역에 자유롭게 배치하세요.

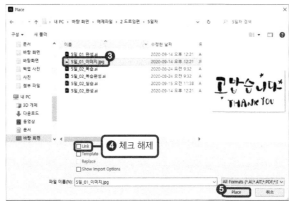

🌢 다음에 제작할 현수막 배경을 위해 아트보드 밖에서 작업해요!

03 [Image Trace] 하기

메뉴 바에서 [Window → Image Trace]를 누르면 [Image Trace] 팝업 창이 열립니다. [선택 툴 ▷]을 선택해 불러온 이미지를 선택한 후 옵션 중에서 [Preset → Sketched Art]를 선택하세요.

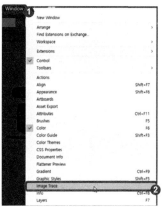

04 트레이스 완료하기

옵션을 누른 것만으로는 벡터화가 되지 않아요. 메뉴 바에서 [Object → Expand]를 누르면 팝업 창이 나타납니다. 옵션값에 맞춰 체크 표시를 한 후 [OK]를 클릭합니다.

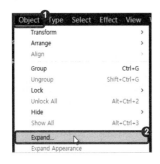 

③ 체크

④

기능 사전

[Image Trace]에 대해 알아봐요!

[Image Trace]란 손으로 그린 그림, 또는 사진 등의 jpg 파일을 일러스트레이터가 자동으로 인식해서 벡터 이미지로 만드는 기능입니다. 주로 손으로 그린 그림, jpg파일의 로고를 벡터화할 때 활용할 수 있어요. 용량이 작거나 해상도가 낮은 사진일수록 정확도가 낮아집니다. 반면 고해상도의 이미지일수록 정확도는 올라가지만 트레이스될 때 시간이 오래 걸리고 작업 파일의 용량이 올라가니 참고하세요.

❶ [Preset] : 트레이스 종류 목록입니다.

❷ [View] : 선택된 대상을 벡터/아웃라인/이미지 등으로 미리보는 기능입니다.

❸ [Mode] : 트레이스 대상의 색상을 지정합니다.

❹ [Threshold] : 트레이스의 색상, 흑백의 한계점을 나타냅니다. 왼쪽으로 갈수록 단순하게, 오른쪽으로 이동할수록 섬세하게 표현됩니다.

06 그룹 분리하기

오브젝트를 수정하기 위해 그룹 안쪽으로 분리하세요. [선택 툴 ▶]을 클릭해 오브젝트를 선택한 후 마우스 오른쪽 버튼을 누르고 [Isolate Selected Group]을 클릭하세요.

07 [매끄럽게 툴]로 다듬기

[툴] 패널에서 [매끄럽게 툴 ◢]을 선택한 채 Ctrl 을 누르면 [선택 툴 ▶]로 변경됩니다. 한 글자씩 선택해 [매끄럽게 툴 ◢]로 다듬으세요.

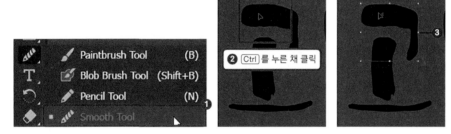

💧 [매끄럽게 툴 ◢]은 [툴] 패널에 숨어 있어요. [툴] 패널의 맨 밑에 있는 •••를 패널로 드래그해 사용하세요!

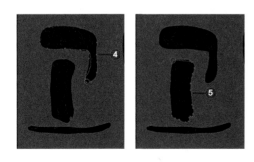

08 영문 글자 그룹화하기

영문 글자를 손으로 썼는데 삐뚤어져서 정렬하려고 합니다. 정렬하기 전에 먼저 그룹 설정을 해야 합니다. [선택 툴 ▶]을 클릭한 후 [Shift]를 누른 채 'H' 자를 선택하고 마우스 오른쪽 버튼을 누르고 [Group]을 클릭하세요. 이와 같은 방식으로 'A' 자도 그룹화하세요.

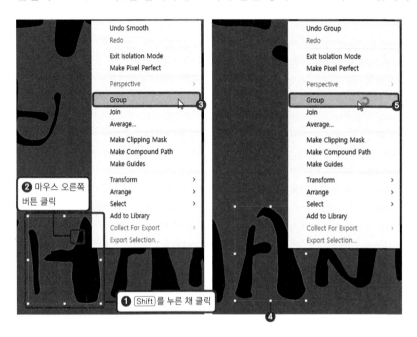

09 영문 글자 정렬하기

영문 글자를 정렬해 보겠습니다. [선택 툴 ▶]을 클릭한 후 [Shift]를 누른 채 영문 글자 전체를 드래그해 선택하세요. [속성] 패널에서 [Align] 패널을 연 후 [Vertical Align Center ▣]를 눌러 가로 중앙 정렬하세요.

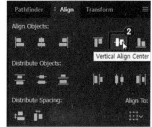

10 별 색깔 바꾸기

[선택 툴▷]을 선택한 후 Shift 를 누른 채 별을 선택합니다. [속성] 패널에서 [Color] 패널을 연 후 오른쪽 상단의 메뉴를 클릭해 [CMYK] 색상으로 변경합니다. 옵션값에 맞춰 바꾸세요.

[Image Trace]에 있는 트레이스의 종류를 알아보겠습니다.

1 [Default]	
2 High Fidelity Photo	
3 Low Fidelity Photo	
4 3 Colors	
5 6 Colors	
6 16 Colors	
7 Shades of Gray	
8 Black and White Logo	
9 Sketched Art	
10 Silhouettes	
11 Line Art	
12 Technical Drawing	

❶ [Default]: 자동 트레이스

❷ High Fidelity Photo: 충실도가 높은 그림으로 트레이스

❸ Low Fidelity Photo: 충실도가 낮은 그림으로 트레이스

❹ 3 Colors: 자동 추출되는 세 가지 컬러로 트레이스

❺ 6 Colors: 자동 추출되는 여섯 가지 컬러로 트레이스

❻ 16 Colors: 자동 추출되는 16가지 컬러로 트레이스

❼ Shades of Gray: 회색조로 트레이스

❽ Black and White Logo: 검은색과 흰색으로 트레이스

❾ Sketched Art: 흰색을 투명으로 트레이스

❿ Silhouettes: 실루엣 형식의 검은색으로 트레이스

⓫ Line Art: 선 형태로 트레이스

⓬ Technical Drawing: 도안 형식으로 트레이스

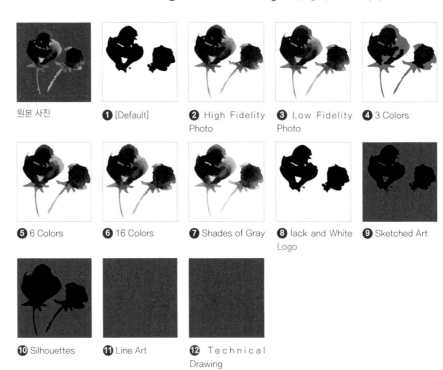

원본 사진　❶ [Default]　❷ High Fidelity Photo　❸ Low Fidelity Photo　❹ 3 Colors

❺ 6 Colors　❻ 16 Colors　❼ Shades of Gray　❽ lack and White Logo　❾ Sketched Art

❿ Silhouettes　⓫ Line Art　⓬ Technical Drawing

05-2

마음을 전하는
손글씨로 현수막 만들기

준비 파일 5일_02_실습.ai 완성 파일 5일_02_완성.ai

오늘 배울 기능	하나, 앞면 오브젝트 제외하기	둘, 오브젝트 회전하기
	·[Pathfinder] 패널	·[회전 툴 ⟳]

01 밑 배경 만들기

앞의 실습에서 캘리그래피를 벡터 파일로 만들었어요. 이제
정성스럽게 쓴 글씨처럼 마음을 담아 전해 볼까요? 이번에는
기념일에 사용할 수 있는 현수막을 만들어 보겠습니다. 앞의
실습에 이어서 진행하거나 만약 앞의 실습을 생략했을 경우
'5일_02_실습.ai'를 불러옵니다.

02 밑 배경 만들기

[사각형 툴 ⬛]을 클릭한 후 빈 아트보드를 눌러 옵션값을 입력하고 [OK]를 클릭하세요. 그리
고 [선택 툴 ▶]을 선택해 아트보드에 맞춰 넣으세요.

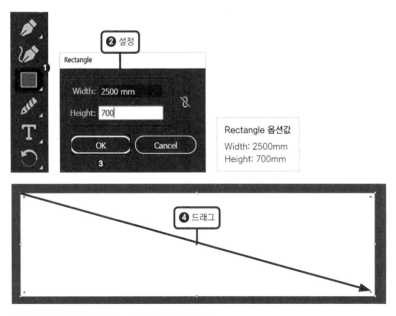

Rectangle 옵션값
Width: 2500mm
Height: 700mm

03 밑 배경 사각형에 색 넣기

[속성] 패널의 [Color] 패널을 이용해 밑 배경이 될 사각형의 면 색은 '흰색', 선 색은 '없음'으로 설정하세요.

Color 옵션값
C: 0, M: 0
Y: 0, K: 0

04 띠 만들기 - 1단계: 사각형 만들기

현수막에 캘리그래피를 넣기 전에 포인트로 띠를 넣어 디자인하겠습니다. [사각형 툴 □]을 선택한 후 빈 곳을 누르고 옵션값을 입력한 다음 [OK]를 클릭합니다. 같은 방식으로 옵션값에 맞춰 사각형을 하나 더 만드세요.

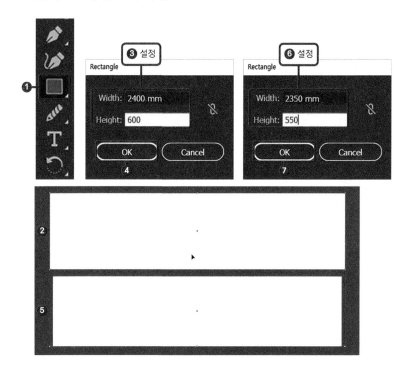

05 띠 만들기 - 2단계: 사각형 정렬하기

사각형 두 개체를 가운데로 정렬합니다. [선택 툴 ▶]을 선택한 후 [Shift]를 눌러 두 개체를 다중 선택합니다. [속성] 패널의 [Align] 패널에서 [Horizontal Align Center], [Vertical Align Center]를 중앙 정렬하세요.

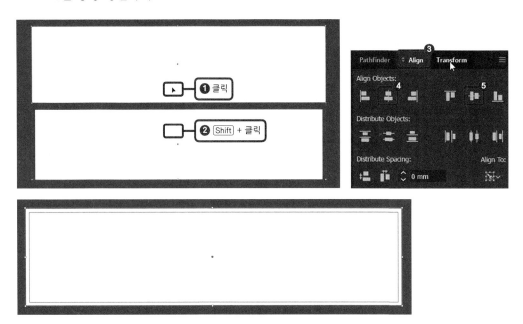

06 띠 만들기 - 3단계: 사각형 편집하기

사각형 두 개체를 이용해 클리핑 마스크 영역을 만들 준비를 해 보겠습니다. [속성] 패널의 [Pathfinder] 패널에서 [Minus Front]를 클릭하세요.

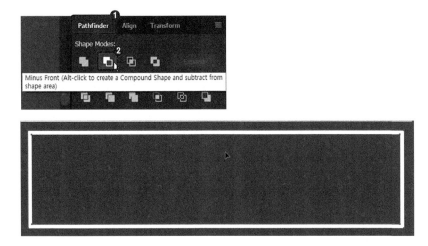

07 띠 만들기 - 4단계: 무늬 띠 만들기

클리핑 마스크 영역을 만들었으므로 안에 들어갈 띠를 만들어 보겠습니다. [사각형 툴 ▣]을 선택해 빈 곳을 누른 후 옵션값을 입력하고 [OK]를 클릭합니다. 그리고 [속성] 패널의 [Color] 패널을 클릭해 옵션값에 맞춰 색을 바꾸세요.

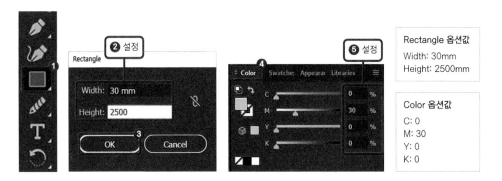

Rectangle 옵션값
Width: 30mm
Height: 2500mm

Color 옵션값
C: 0
M: 30
Y: 0
K: 0

08 띠 만들기 - 5단계: 무늬 띠 추가하기

교차할 다른 색상의 띠를 만들기 위해 [선택 툴 ▶]을 이용해 방금 만든 사각형을 클릭한 채 (Enter)를 누르세요. 옵션값을 넣은 후 [Copy]를 클릭하세요. 그리고 [속성] 패널의 [Color] 패널을 클릭하고 옵션값에 맞춰 색을 바꾸세요.

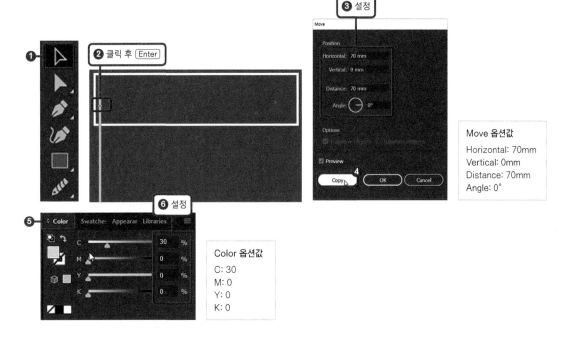

Move 옵션값
Horizontal: 70mm
Vertical: 0mm
Distance: 70mm
Angle: 0°

Color 옵션값
C: 30
M: 0
Y: 0
K: 0

09 띠 만들기 - 6단계: 무늬 띠 다중 복사하기

이제 띠를 다중 복사하겠습니다. [선택 툴 ▶]를 클릭한 후 [Shift]를 누른 채 색상이 다른 사각형 2개를 클릭하고 [Enter]를 누르세요. 옵션값에 맞춰 복사하세요. [Ctrl] + [D]를 눌러 클리핑 영역의 끝까지 복사하세요.

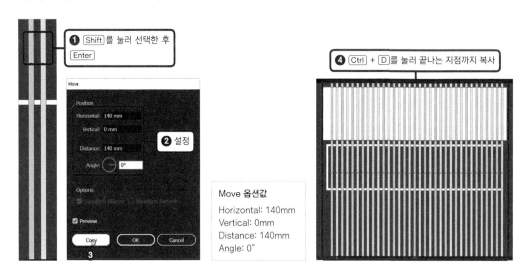

❶ [Shift]를 눌러 선택한 후 [Enter]

❷ 설정

❹ [Ctrl] + [D]를 눌러 끝나는 지점까지 복사

Move 옵션값
Horizontal: 140mm
Vertical: 0mm
Distance: 140mm
Angle: 0°

10 띠 만들기 - 7단계: 무늬 띠의 각도 바꾸기

띠의 각도를 변경해 보겠습니다. [선택 툴 ▶]을 클릭한 후 드래그해 다중 복사된 사각형을 선택하고 마우스 오른쪽 버튼을 누르고 [Group]을 클릭하세요. [툴] 패널에 있는 [회전 툴 ⟳]을 선택한 후 [Enter]를 눌러 옵션값을 바꾸고 [OK]를 클릭하세요. ● [그룹화] 단축키: [Ctrl] + [G]

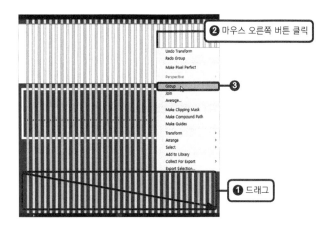

❷ 마우스 오른쪽 버튼 클릭

❸ Group

❶ 드래그

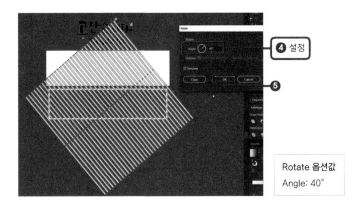

❹ 설정

Rotate 옵션값
Angle: 40°

11 띠 만들기 - 8단계: 무늬 띠 순서를 바꾸고 클리핑 마스크하기

이제 띠 작업 마지막 단계입니다. [선택 툴 ▶]로 그룹화된 띠를 클릭한 후 마우스 오른쪽 버튼을 누르고 [Arrange → Send to Back]을 클릭해 순서를 맨 뒤로 바꾸세요. 클리핑 마스크 영역으로 만든 사각형을 (Shift)를 누른 채 선택한 후 마우스 오른쪽 버튼을 누르고 [Make Clipping Mask]를 클릭해 클리핑 마스크를 하세요.

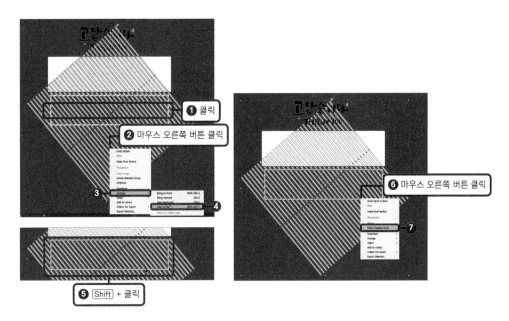

❶ 클릭

❷ 마우스 오른쪽 버튼 클릭

❸

❹

❺ (Shift) + 클릭

❻ 마우스 오른쪽 버튼 클릭

❼

12 띠장 배치하기

[선택 툴 ▶]을 클릭한 후 Shift 를 누른 채 배경이 된 흰색 사각형을 선택해 다중 선택하세요. 다중 선택한 채로 배경 사각형을 한 번 더 클릭한 후 [속성] 패널에서 [Align] 패널을 열고 [Vertical Align Center ♣]를 클릭해 가로 중앙 정렬하세요.

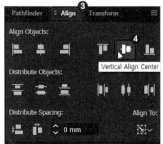

💧 고정 정렬을 하는 방법:
개체를 2개 이상 선택했을 때 하나의 오브젝트를 한 번 더 클릭하면 우선 선택돼요. 이 상태에서 정렬하면 우선 선택된 개체를 중심으로 정렬됩니다. 정렬할 때 많이 사용하는 기능이므로 알고 넘어가세요!

13 캘리그래피 순서 바꾸기

[선택 툴 ▶]을 클릭한 후 캘리그래피를 선택하세요. 그리고 마우스 오른쪽 버튼을 누르고 [Arrange → Bring to Front]를 클릭해 순서를 가장 위로 바꾸세요.

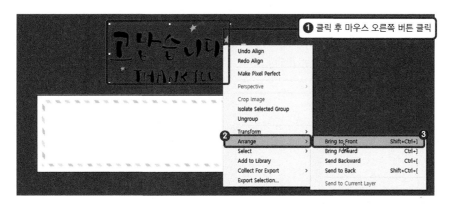

14 캘리그래피 배치하기

Ctrl + A로 전체 선택을 합니다. [Align] 패널을 열어 [Align to Artboard]를 클릭한 후 [Vertical Align Center]를 눌러 아트보드 위에 중앙 정렬하고 캘리그래피의 크기를 배경 크기에 알맞게 조정해 완성합니다.

기능 사전

현수막을 제작하고 싶어요!

검색 사이트에서 '현수막 제작'이라고 검색해 현수막 제작 전문 업체를 골라 의뢰하면 됩니다. 기본적으로 일러스트 원본 파일을 의뢰하면 시안 비용 없이 제작할 수 있어요.

고마운 분에게 정성을 담아 마음을 전해 보세요!

복습 | 10분 만에 만들어야 한다!

'5일_02_복습.ai'를 불러와 편지를
완성해 보세요.

준비 파일 5일_02_복습.ai
완성 파일 5일_02_복습완성.ai

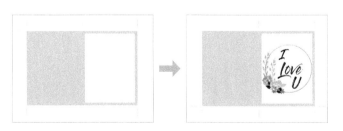

6일차

텍스처로
이미지 꾸미기

단조로운 그래픽 작업에
텍스처 활용하기

준비 파일 6일_01_실습.ai, 6일_01_이미지.jpg 완성 파일 6일_01_완성.ai

오늘 배울 기능	하나, 그레이디언트 색상 적용하기	둘, 블렌딩 모드 바꾸기
	·[Gradient] 패널	·[Transparency] 패널

트렌드를 유지하는 것은 그래픽 디자인 세계에서 매우 중요합니다. 이것이 바로 일러스트레이터로 작품을 완성하는 수많은 방법이 탄생한 이유이기도 합니다. 이번에는 그래픽 아트워크를 최신 트렌드에 맞춰 활용해 보겠습니다.

하면 된다!⟩

일러스트에
텍스처 입히기

영상 보기

01 예제 파일 열기

일러스트레이터를 실행한 후 메뉴 바에서 [File → Open] (Ctrl + O)을 선택해 '6일_01_실습.ai'를 불러옵니다.

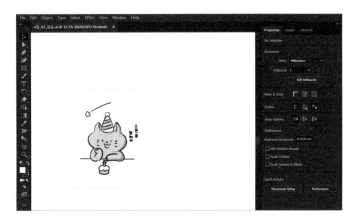

02 그림 파일 불러오기

메뉴 바에서 [File → Place]를 클릭한 후 '6일_01_이미지.jpg' 파일을 열고 [Link]를 선택 해제해 [Place]를 클릭합니다. 배경 사이즈에 맞게 드래그해 크기를 맞추세요.

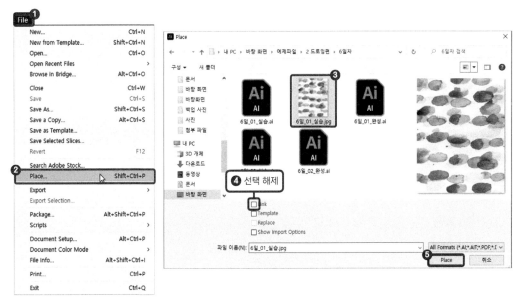

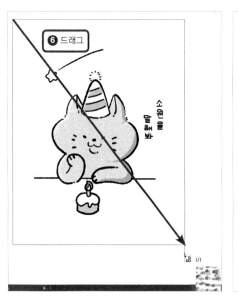

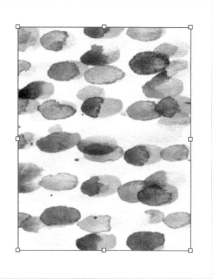

03 그림 파일의 순서 바꾸기

불러온 그림 파일의 순서를 가장 밑으로 변경하세요. [선택 툴 ▷]을 클릭한 후 그림 파일을 선택하세요. 그런 다음 마우스 오른쪽 버튼을 누르고 [Arrange → Send to Back]을 클릭해 가장 아래로 보냅니다.

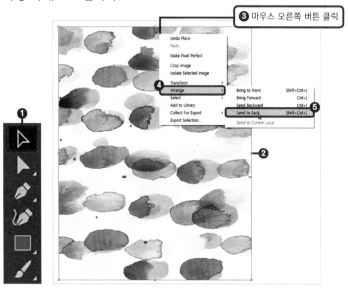

04 밑 배경의 색깔을 그레이디언트로 바꾸기

흰색 배경의 색을 바꿔 보겠습니다. [선택 툴 ▶]을 클릭한 후 흰색 배경을 선택하세요. 그리고 [그레이디언트 툴]을 클릭하고 [속성] 패널의 [Gradient] 패널에서 그레이디언트 색상을 클릭해 배경의 색을 바꿉니다.

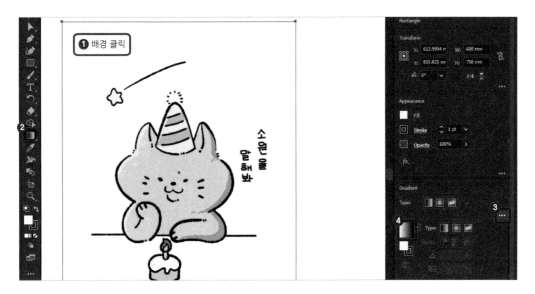

05 그레이디언트 색상 바꾸기

[속성] 패널에 있는 [Gradient] 패널의 색상에 있는 점을 더블클릭한 채 오른쪽 상단의 메뉴를 클릭해 [RGB] 색상으로 변경하세요. 그리고 옵션값에 맞춰 색상을 바꾸세요. 반대편에 있는 점도 클릭해 옵션값에 맞춰 색깔을 바꾸세요. [Gradient] 패널의 각도를 '-90°'로 변경하세요.

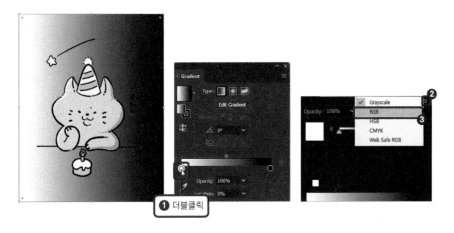

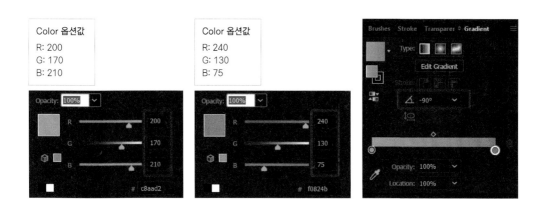

Color 옵션값
R: 200
G: 170
B: 210

Opacity: 100%
R 200
G 170
B 210
c8aad2

Color 옵션값
R: 240
G: 130
B: 75

Opacity: 100%
R 240
G 130
B 75
f0824b

Brushes Stroke Transparer ◆ Gradient

Type:

Edit Gradient

Stroke:

-90°

Opacity: 100%
Location: 100%

06 다시 밑 배경의 순서 바꾸기

밑 배경이 다시 맨 아래로 내려가게 순서를 바꾸세요. [선택 툴]을 클릭한 후 밑 배경을 선택하세요. 그런 다음 마우스 오른쪽 버튼을 누르고 [Arrange → Send to Back]을 클릭해 순서를 가장 아래로 보냅니다.

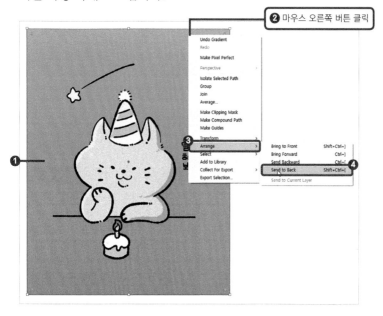

❷ 마우스 오른쪽 버튼 클릭

07 그림 파일의 블렌딩 모드 변경하기

수채화 그림 파일과 그레이디언트 밑 배경색이 섞이는 효과를 연출해 보겠습니다. [선택 툴]을 클릭한 후 그림 파일을 선택하세요. [속성] 패널에 있는 [Transparency]을 클릭한 후 [Blending Mode]를 클릭해 [Overlay]로 변경합니다.

❶

❷ ❸

기능 사전

[Blending Mode]가 뭐예요?

[Blending Mode]는 오브젝트의 색상 속성을 변경해 겹친 다른 오브젝트의 색상과 혼합하게 해 줍니다.

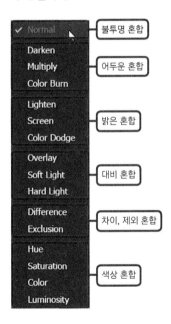

이번 예제에서 바꾼 블렌딩 모드는
[Overlay]로, 하단의 오브젝트 밝기와
색상이 더해지게 합니다.

08 오브젝트 복사하기

이번에는 오브젝트를 복사한 후 다른 색상으로 느낌을 바꿔 비교해 보겠습니다. [선택 툴 ▶] 을 클릭한 후 오브젝트 전체를 드래그해 선택하세요. Enter 를 눌러 옵션값을 입력한 후 [Copy]를 눌러 복사합니다.

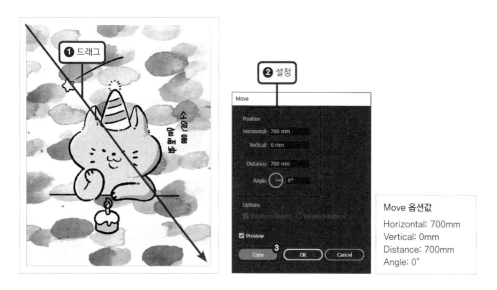

09 그림 파일을 잠금 상태로 만들기

복사한 오브젝트 중에 수채화 그림 파일을 [선택 툴 ▶]을 클릭해 선택하세요. 메뉴 바에서 [Object → Lock → Selection]을 클릭해 그림 파일을 잠금 상태로 바꿉니다.

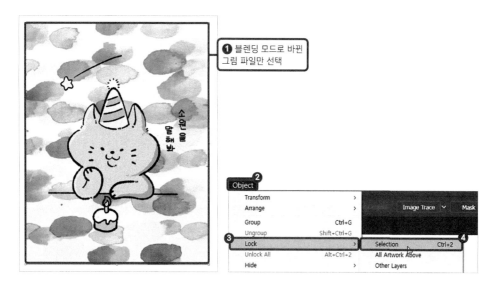

10 밑 배경을 선택하고 색 바꾸기

밑 배경을 선택한 후 [속성] 패널의 [Gradient]에서 색상 점을 클릭합니다. 그런 다음 패널을 클릭해 색상을 옵션값에 맞춰 변경하세요.

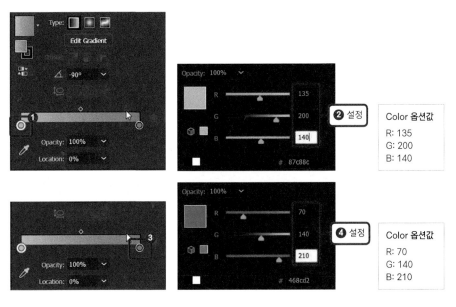

② 설정

Color 옵션값
R: 135
G: 200
B: 140

④ 설정

Color 옵션값
R: 70
G: 140
B: 210

06-2

감성적인
노이즈 텍스처 만들기

준비 파일 6일_02_실습.ai 완성 파일 6일_02_완성.ai

오늘 배울 기능	하나, 텍스처 적용하기	둘, 투명도 바꾸기	셋, 적용한 효과 바꾸기
	·[Grain]	·[Transparency] 패널	·[Appearance] 패널

앞에서는 종이 질감의 JPG 파일을 사용해 블렌딩 모드를 알아봤습니다. 이런 질감을 느끼게 해 주는 이미지를 '텍스처'라고 하는데요, 이번엔 직접 텍스처를 이용해 작품을 만들어 보겠습니다. 그 전에 텍스처의 개념을 잠깐 알아볼까요?

노이즈 텍스처란?

텍스처는 단순한 그래픽 디자인의 완성도를 높이기 위해 재질감을 주는 디자인 기법에 사용되는 자료입니다. 그중 재질감이 거칠게 표현된 자료를 노이즈 텍스처(Noise Texture)라고 하며, 이는 플랫 디자인에서 많이 사용하는 효과입니다. 텍스처는 보통 자료를 찾아 사용하지만, 직접 만들어 사용할 수도 있습니다.

플랫 디자인이란?

플랫 디자인(Flat Design)은 일러스트레이터에서 많이 접할 수 있는 사용성을 강조하는 미니멀리즘적인 디자인 방식입니다. 사실 묘사와 반대로 면과 선에 그레이디언트, 텍스처를 최소한으로 사용해 단순함을 추구합니다. 앱의 UI, 타이포그래피, 아이콘 이미지로 많이 사용합니다.

하면 된다!⫸

노이즈 텍스처 만들기

영상 보기

01 예제 파일 만들기

이번에는 제공되는 예제를 그레이디언트와 이펙트 패널에 적용할 수 있는 텍스처를 활용해 멋진 작품을 만들어 보겠습니다. 일러스트레이터를 실행한 후 메뉴 바에서 [File → Open]을 선택하고 '6일_02_실습.ai'를 불러옵니다.

02 새의 몸통을 그레이디언트로 바꾸기

큰부리새의 몸통 부분을 그레이디언트로 바꿔 보겠습니다. [선택 툴 ▶]을 클릭한 후 큰부리새를 클릭하고 마우스 오른쪽 버튼을 누르고 [Ungroup]을 클릭해 그룹을 해제합니다. 큰부리새의 몸통을 클릭한 채 [Window → Gradient]를 클릭해 [Gradient] 패널을 열고 [Radial Gradient]를 클릭하세요.

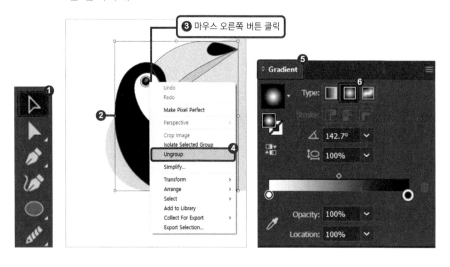

03 그레이디언트의 옵션 변경하기

[Gradient] 패널의 검정 슬라이더를 더블클릭하고 ▒를 눌러 [RGB] 색상으로 변경하세요.
[툴] 패널에서 [그레이디언트 툴 ▣]을 클릭한 후 다음 그림과 같이 드래그해 그레이디언트로
만드세요.

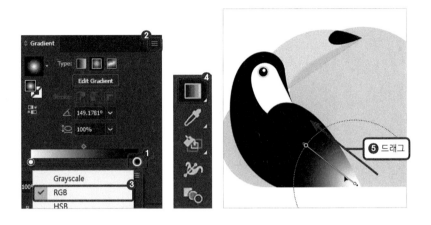

04 몸통을 복사 붙여 넣기

[선택 툴 ▶]을 클릭한 후 메뉴 바에서 [Edit → Copy]로
복사하고 [Edit → Paste in Front]를 클릭해 제자리 상위
붙여 넣기를 하세요.

🔹 [복사하기] 단축키: Ctrl + C
🔹 [제자리 상위 붙여 넣기] 단축키: Ctrl + F

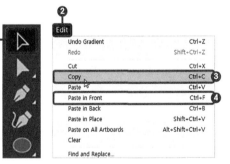

05 복사한 몸통에 효과 적용하기

제자리 상위 복사한 몸통에 텍스처 효과를 적용해 보겠습니다. 메뉴 바에서 [Effect → Texture → Grain]를 클릭하면 새 창이 열립니다. 옵션값에 맞춰 변경한 후 [OK]를 클릭하세요.

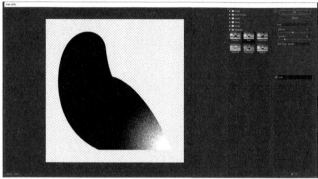

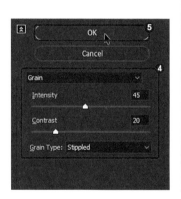

Grain **옵션값**

Intensity: 45
Contrast: 20
Grain Type: Stippled

06 몸통을 선택해 블렌딩 모드 바꾸기

밑 배경과 색상을 혼합하기 위해 블렌딩 모드를 변경해 보겠습니다. [선택 툴 ▶]을 클릭한 후 구름에서 몸통까지 드래그해 선택하고 Shift 를 누른 채 구름을 클릭하면 선택이 해제돼 몸통 2개의 오브젝트만 선택됩니다. 그리고 [Window → Transparency]을 클릭한 후 [Blending Mode]를 선택해 [Multiply]로 변경합니다.

❶ 드래그해 선택

❷ Shift 를 누른 채 선택해 구름 선택을 해제

07 잎사귀 오브젝트 바꾸기

잎사귀에도 효과를 적용해 보겠습니다. [선택 툴 ▶]을 클릭해 잎사귀 오브젝트를 선택하세요.
Ctrl + C로 복사한 후 Ctrl + F를 눌러 제자리 상위 붙여 넣기를 하세요.

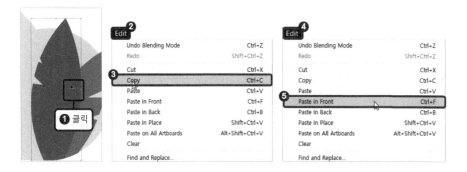

08 잎사귀를 그레이디언트 색상으로 바꾸기

[Gradient] 패널에서 [Radial Gradient]를 누르고
[그레이디언트 툴 ▣]을 클릭한 후 그림과 같이 드래
그해 바꾸세요. 마지막으로 [Gradient] 패널의 왼쪽
색상 점을 선택하고 드래그한 후 [Opacity]를 0%으
로 변경합니다.

💧 효과 똑같이 적용하기: Ctrl + Shift + E

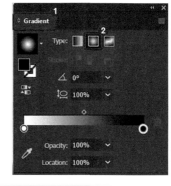

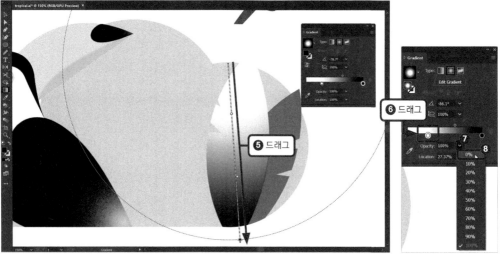

09 잎사귀의 블렌딩 모드 변경하기

그레이디언트로 바꾼 잎사귀의 블렌딩
모드를 바꿔 보겠습니다. [Window →
Transparency]을 클릭한 후 [Blending
Mode]를 클릭해 [Soft Light]로 변경합니다.

10 잎사귀에 효과 적용하기

잎사귀에 효과를 적용해 보겠습니다. 메뉴 바에서 [Effect →
Apply Grain]를 클릭하면 먼저 적용했던 효과를 똑같이 적용
할 수 있습니다.

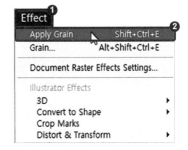

11 다른 잎사귀도 바꾸기

다른 잎사귀도 [선택 툴]로 선택해 앞서 만든 잎사귀와 똑같은 효과를 적용합니다. 원근감을
주기 위해 [Transparency]을 클릭한 후 [Opacity]의 값을 50%로 바꿔 연하게 표현하세요.

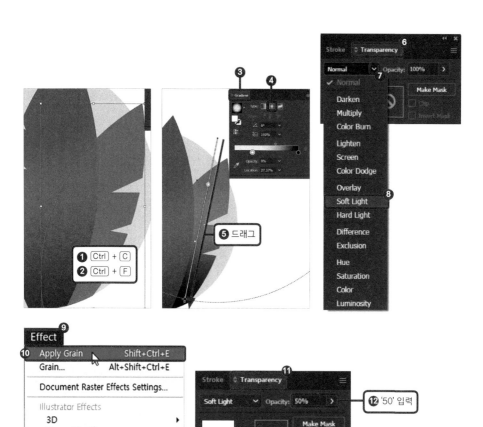

❶ Ctrl + C
❷ Ctrl + F

❺ 드래그

⑫ '50' 입력

12 구름 오브젝트 변경하기

구름 오브젝트도 변경해 보겠습니다. [선택 툴 ▶]로 구름을 클릭한 후 앞서 만든 잎사귀와 똑같은 효과를 적용합니다. 뒤쪽에 있는 잎사귀에 원근감을 주기 위해 [Transparency]를 클릭한 후 [Opacity]의 값을 70%로 바꿔 연하게 표현하세요.

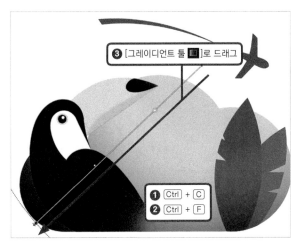

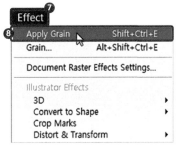

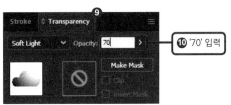

13 비행기 오브젝트 바꾸기

비행기 오브젝트에도 효과를 적용해 보겠습니다. [선택 툴 ▶]로 비행기를 클릭한 후 앞서 만든 오브젝트와 똑같은 효과를 적용해 완성합니다.

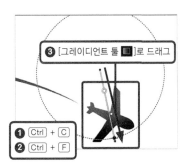

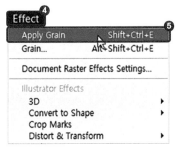

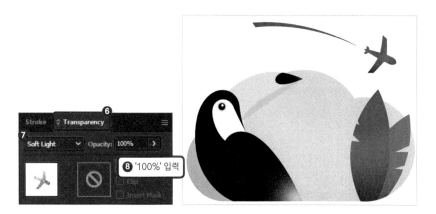

⑧ '100%' 입력

적용한 효과를 쉽게 수정하는 방법!

[속성] 패널의 [Appearance] 패널에서 효과를 선택하면 새 창이 나타나면서 효과를 수정할 수 있습니다.

복습 | 10분 만에 만들어야 한다!

'6일_02_복습.ai'를 불러온 후 오른쪽 그림처럼 바꿔 보세요.

준비 파일 6일_02_복습.ai, Painting.jpg
완성 파일 6일_02_복습완성.ai

💧 'Painting.jpg'의 Transparency 모드를 [Color Burn]으로 변경, 고양이 오브젝트를 복사 후 합치기, [Object → Compound Path → Make]로 클리핑 마스크를 만들어 주세요.

7일차

나도 전문가!
태블릿으로
캐리커처 그리기

태블릿
알아보기

하나,

태블릿의 종류에 대해 알아보기

둘,

태블릿 드라이버 설치하기

• 태블릿의 종류와 장단점 알아보기

어떤 태블릿이 있을까?

태블릿은 PC에서 사용하는 컴퓨터 주변 기기로, 스타일러스라는 전용 펜으로 그리면 그 궤적의 좌표 정보가 컴퓨터에 입력되는 장비입니다. 태블릿은 그래픽 작업에 유용합니다. 회의, 강의에서 메모할 수 있는 간편한 태블릿에서 PC가 내장된 휴대용 전문가 태블릿에 이르기까지 종류가 다양합니다. 태블릿은 쓰임새에 따라 기능이 매우 다양합니다. 각 태블릿의 장단점을 파악한 후 자신에 맞는 것을 준비하세요.

펜 태블릿

압력을 감지하는 태블릿 판에 전용 펜을 인식해 작업하는 태블릿 장비입니다. 주로 사진 작업이나 간단한 스케치 작업을 하기에 적합하며 조작하기 쉽고 가성비가 좋아 입문자용으로 좋습니다. 휴대성도 좋아 노트북과 연결해 회의, 강의를 하면서도 메모할 수 있습니다. 단점은 태블릿과 모니터가 떨어져 있어서 정확도가 떨어진다는 것입니다.

액정 태블릿

디스플레이에 압력을 감지해 전용 펜으로 작업할 수 있는 태블릿 장비입니다. 화면을 보면서 바로 정교하게 작업할 수 있으므로 그래픽 전문가들이 많이 사용합니다. 정확한 색 표현과 정밀한 필압 감지 기능이 중요한 웹툰, CG 그래픽 분야 작가들에게 장점이 많습니다. 단점은 가격대가 비싼 편이며 어댑터와 모니터 암 또는 거치대로 고정해야 하므로 작업 영역이 넓어야 한다는 것입니다.

태블릿 PC

태블릿에 PC의 기능이 추가돼 태블릿 이상으로 창의적인 작업을 할 수 있는 제품입니다. 손과 전용 펜을 이용해 그래픽 작업을 할 수 있고, 블루투스 기능으로 키보드를 연결하면 노트북처럼 사용할 수 있어 콘텐츠를 검색하거나 즐길 수 있습니다. 대표적인 기기로는 아이패드가 있습니다. 기기 자체로도 매력이 있어 마니아 층에 인기가 좋습니다. 단점으로는 비싸고 태블릿 입문용으로는 사용하기 어렵다는 것입니다.

디지털 드로잉 작업에 사용할 기기로 어떤 태블릿을 준비할지 고민인가요? 본격적으로 그리기
작업에 들어가기 전에 태블릿 장비 관련 정보와 설치 방법을 알아보겠습니다.

하면 된다! ┆

태블릿 드라이버
설치하기

01 태블릿 드라이버 설치하기

자신에게 맞는 태블릿을 구매했다면 PC에 연결해 드라이버
를 설치해야 합니다. 구입한 태블릿의 홈페이지를 방문해 모
델명에 맞는 드라이버를 찾아 내려받습니다.

💧 [와콤 홈페이지] → [지원] → [드라이버 다운로드]

02 태블릿을 연결한 후 드라이버 실행하기

액정 태블릿의 경우 태블릿을 USB로 PC에 연결한 후 어댑터를 연결해 전원이 들어오게 합니다.
드라이버를 실행한 후 라이선스에 동의하면 드라이버가 태블릿을 인식하고 설치를 시작합니다.

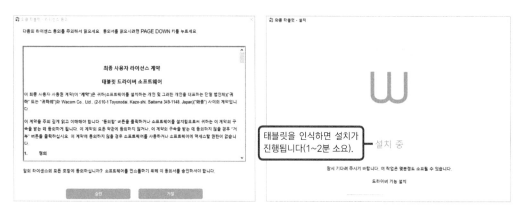

03 드라이버 실행을 완료한 후 재부팅하기

드라이버가 설치되면 컴퓨터를 재부팅합니다. 그래픽 프로그램을 실행해 태블릿이 제대로 작동하는지 확인합니다.

기능 사전

아직 어떤 태블릿을 구매해야 할지 망설여져요!

먼저 시연해 보고 구매하는 것을 추천해요! 주요 태블릿 정품 판매업체에서 시연할 수 있습니다.

[와콤]
전국 와콤 아카데미 샵 http://wacomacademy
.com/home

[휴이온]
휴이온 체험 매장 https://huion-sdf.com/
offline

[장은테크]
본사 방문: 서울시 강남구 봉은사로 49길 18 논현동 269-12번지 장은빌딩

각 태블릿 홈페이지를 방문하면 문제를 해결할 수 있습니다. 기본 오류에는 어떤 것이 있는지 간단히 알아보겠습니다.

드라이버가 태블릿을 인식하지 않습니다!

- 태블릿이 컴퓨터에 제대로 연결됐는지 전원을 확인합니다.
- 드라이버와 태블릿의 모델명이 같은지 Window용과 macOS용 드라이버를 확인합니다.
- 보안 프로그램으로 드라이버가 실행되지 않을 수도 있습니다.

태블릿의 필압이 적용되지 않습니다!

- USB 인식이 불안정하거나 재인식될 경우 필압이 적용되지 않을 수 있습니다. USB를 다시 꽂고 재부팅한 후 확인해 봅니다.
- 특정 프로그램에서만 필압을 감지하지 못한다면 해당 프로그램의 기본 설정 창에서 재설정해야 합니다. 프로그램에 따라 설정 방법이 다르므로 인터넷으로 검색해 필압 설정값을 찾아 입력하면 됩니다.
- 태블릿 등록 정보를 열고 펜의 필압 레벨을 테스트합니다.

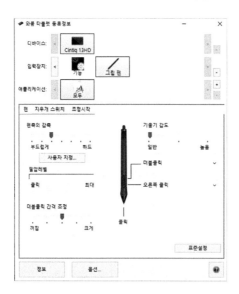

사진 속 가족 캐리커처하기

준비 파일 **7일_02_이미지.jpg** 완성 파일 **7일_02_완성.ai**

오늘 배울 기능	하나, Template 설정하기	둘, 새 브러시 만들기	셋, 도형 합치기
	· [Layers] 패널	· [Brush] 패널	· [Pathfinder] 패널

태블릿을 구입하고 본격적으로 드로잉을 시작할 준비가 됐나요? 그렇다면 일러스트레이터에서 사랑하는 나의 가족을 그려 보세요! 필압 설정부터 라인 작업까지 천천히 알아봅시다.

하면 된다!⅃

필압 설정하고
사진 따라 그리기

영상 보기

01 새 아트보드 생성하기

일러스트레이터에서도 필압이 적용되는 브러시를 만들어 보고, 사진의 인물을 일러스트레이터로 그려 보겠습니다. 일러스트레이터를 실행한 후 메뉴 바에서 [File → New]([Ctrl] + [N])를 선택하세요. 팝업 창에 옵션값을 넣은 후 [Create]를 선택합니다.

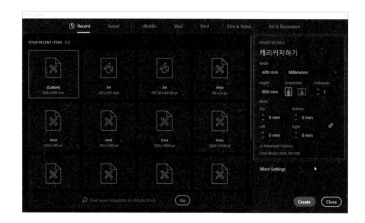

02 이미지 파일 불러오기

메뉴 바에서 [File → Place]를 클릭한 후 '07일_02_이미지.jpg' 파일을 열고 [Link]를 해제한 다음 [Place]를 클릭합니다. 배경의 크기에 맞게 드래그해 크기를 맞추세요.

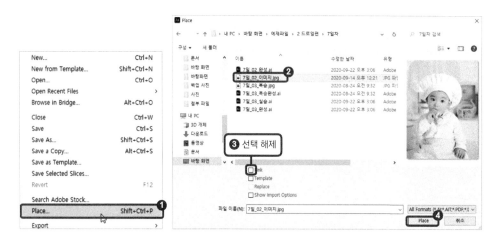

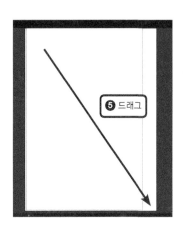

⑤ 드래그

03 이미지에 템플릿 적용하기

이미지를 투명하게 만들어 보겠습니다. [속성] 패널에 있는 [Layers] 패널을 실행해 오른쪽 상단 메뉴를 클릭하고 [Template]을 클릭하세요.

04 새 레이어 만들기

인물의 선을 그릴 레이어를 생성합니다. [속성] 패널에서 [Layers] 패널을 클릭해 실행한 후 [New Layer ⬛]를 클릭합니다.

05 태블릿용 브러시 만들기

태블릿으로 드로잉할 때 가장 중요한 필압이 설정되는 브러시를 만들어 보겠습니다. 아무런 개체도 선택하지 않은 채 [속성] 패널에서 [브러시] 패널의 화살표를 클릭한 후 오른쪽 하단의 [New Brush]를 클릭합니다. 새 창이 나타나면 [Calligraphic Brush]를 선택한 후 [OK]를 클릭하세요.

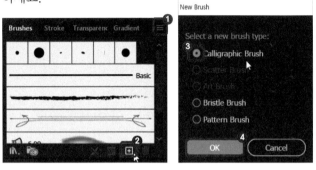

06 브러시 세부 설정하기

브러시에 세부 설정을 해 줍니다. 새 창이 나타나면 이름을 정해 주고 옵션값에 맞춰 [Size]의 설정을 바꾸세요. 그런 다음 [OK]를 클릭하세요.

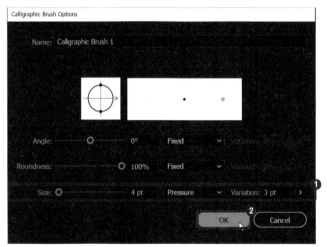

> **Calligraphic Brush 옵션값**
> Size: 4pt
> Pressure Variation: 3pt

[Pressure]는 태블릿이 연결됐을 때만 보이는 옵션입니다. 태블릿이 잘 연결돼 있는지 확인하세요!

07 브러시를 이용해 인물의 선 그리기

브러시를 만들었으므로 인물에 따라 선을 그려 보겠습니다. [브러시 툴 ▮]을 선택한 후 [속성] 패널의 [브러시] 패널에서 화살표를 누르고 방금 만든 브러시를 선택하세요. [Color] 패널을 연 후 옵션값에 맞춰 선택하고 그리면 됩니다.

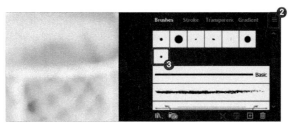

Color 옵션값

[Stroke] 클릭
C: 0, M: 0, Y: 0, K: 100

태블릿 펜에 힘을 빼고 그리면 얇게!

태블릿 펜에 힘을 주고 그리면 굵게!

기능 사전

선을 정교하게 또는 단순하게 그리기!

[Brush]를 선택한 채 Enter 를 누르면 상세 옵션 창이 나타납니다.
[Fidelity] 패널에서 [Accurate]에 가까울수록 정밀하게, [Smooth]에 가까울수록 단순하게 그려집니다. 옵션을 초기화하고 싶을 때 [Reset]을 누르면 기본 옵션으로 되돌아갑니다.

태블릿으로 그린 부분이 정교하게 표현됨.   태블릿으로 그린 부분이 단순하게 표현됨.

08 인물의 선 그리기

순서를 정해 천천히 그려 보세요. 선을 잘못 그렸다면 [Ctrl] + [Z]를 눌러 다시 그리면 됩니다. 선의 굵기는 [[], []]로 조절할 수 있습니다. 인물의 선을 그릴 때 큰 부분은 굵게, 작은 부분은 얇게 그리면 됩니다.

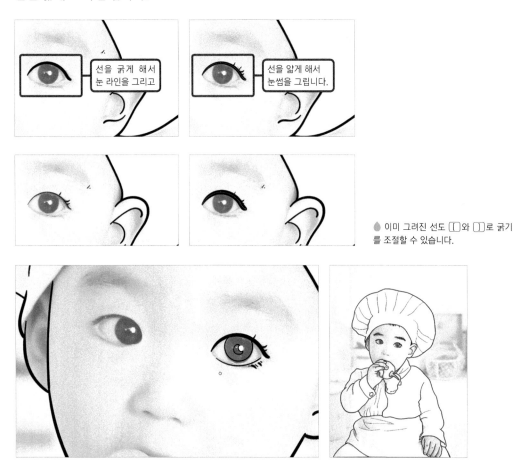

이미 그려진 선도 []와 []로 굵기를 조절할 수 있습니다.

💧 얇은 선과 굵은 선을 이용해 인물의 선을 그립니다.

09 선을 전부 그룹화하기

선을 전부 그렸으면 모두 선택해 그룹화합니다. [선택 툴 ▶]을 클릭한 후 [Ctrl] + [A]를 눌러 선을 모두 선택합니다. 그런 다음 마우스 오른쪽 버튼을 누르고 [Group]을 클릭하세요.

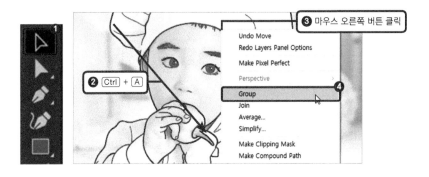

10 레이어의 템플릿 풀기

[속성] 패널에서 [Layer] 패널을 클릭한 후 오른쪽 상단의 메뉴를 클릭하고 [Template]을 클릭해 해제하세요.

11 이미지 옮기기

이미지를 옆으로 옮겨야 합니다. [선택 툴 ▶]로 이미지를 클릭한 후 Enter를 눌러 옵션값을 입력하고 [OK]를 클릭하세요.

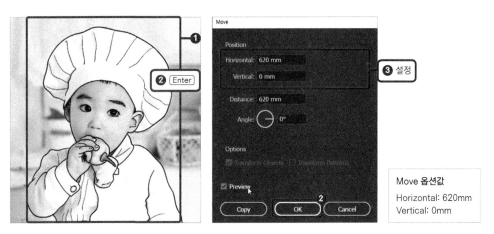

Move 옵션값
Horizontal: 620mm
Vertical: 0mm

12 선을 복사해 옮기기

채색하기 전에 선을 도형으로 만드는 작업을 해 보겠습니다. 하지만 선이 도형화하면 나중에 수정하기가 번거로울 수 있으므로 선을 복사해 남겨 두세요. [선택 툴 ▷]을 이용해 그룹화된 선을 선택합니다. (Enter)를 누르면 나타나는 옵션 창에서 옵션값을 입력하고 [Copy]를 클릭합니다.

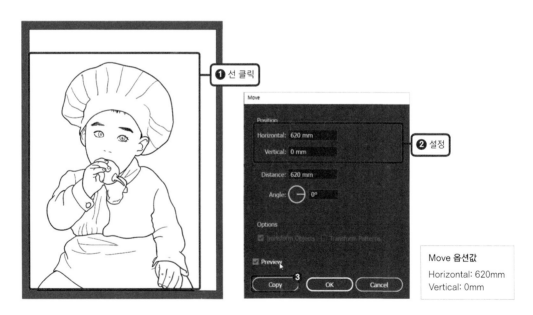

❶ 선 클릭

❷ 설정

Move 옵션값
Horizontal: 620mm
Vertical: 0mm

13 선 도형화하기

이제 브러시 작업물을 도형으로 만듭니다. 브러시로 그린 선을 [선택 툴 ▓]로 선택합니다. 메뉴 바에서 [Object → Path → Outline Stroke]를 클릭해 선을 도형화합니다.

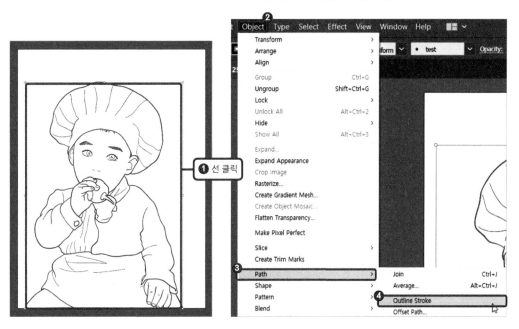

14 도형화된 오브젝트 전부 합치기

이후에 [라이브 페인트 툴 ]을 적용하기 위해 도형으로 만든 선을 합칩니다. [속성] 패널에서 [Pathfinder]를 선택한 후 [Unite]를 클릭해 하나로 합칩니다.

07-3

채색으로
캐리커처 완성하기

준비 파일 7일_03_실습.ai 완성 파일 7일_03_완성.ai

오늘 배울 기능	하나, 색 채우기	둘, 도형 나누기	셋, 배경 만들기
	· [라이브 페인트 툴 🖌]	· [나이프 툴 🔪]	· [Transform] 패널

하면 된다!⟩

캐리커처 채색하기

영상 보기

01 실습 파일 실행하기

3일차에 배운 [라이브 페인트 툴 🖼]을 이용해 인물을 채색하고 1일차에 배운 [나이프 툴 ✐]로 그림자를 만들어 완성도 높은 캐리커처를 그려 보겠습니다. 만약 앞의 실습을 생략했다면 '7일_03_실습.ai'를 불러옵니다.

02 [라이브 페인트 툴]로 색 적용하기

하나로 합친 오브젝트를 선택한 채 [툴] 패널에서 [라이브 페인트 툴 🖼]을 클릭합니다. 그리고 사진의 모자 부분에 Alt 를 눌러 커서가 스포이트 모양으로 바뀔 때 클릭합니다. 모자 부분의 오브젝트에 페인트 모양의 마우스 커서가 보일 때 클릭하면 색이 입혀집니다.

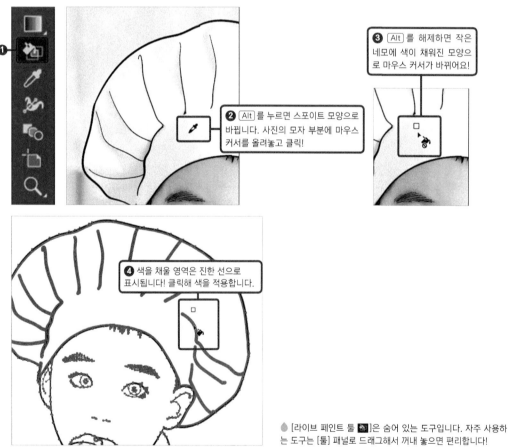

🖢 [라이브 페인트 툴 🖼]은 숨어 있는 도구입니다. 자주 사용하는 도구는 [툴] 패널로 드래그해서 꺼내 놓으면 편리합니다!

🔵 같은 방법으로 전부 채색합니다.

03 라이브 페인트 확장하기

라이브 페인트 상태에서는 전체 선택에서 선택 해제가 안 됩니다. [선택 툴 ▶]을 이용해 오브젝트를 선택한 후 메뉴 바에서 [Live Paint → Expand]를 클릭해 확장합니다.

❶ 선택

[라이브 페인트 툴]이 활성화된 개체는 선택 시 테두리의 점이 다른 모양입니다.

확장하면 점이 바뀐 것을
확인할 수 있습니다.

💧 [라이브 페인트 툴 🖌]이 활성화된 개체는 전체 선택만 됩니다. 채색이 전부
완료됐을 때 확장합니다.

04 그룹 분리하기

확장된 오브젝트에 그림자를 넣습니다. 먼저 그룹 상태를 유
지하기 위해 해제하지 않고 분리합니다. 오브젝트를 선택
할 채로 마우스 오른쪽 버튼을 누르고 [Isolate Selected
Group]을 클릭해 그룹을 분리하세요.

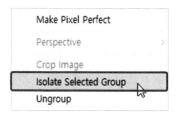

05 [나이프 툴]을 이용해 그림자가 될 영역 만들기

앞의 고양이 예제에서 다룬 [나이프 툴 🔪]을 사용해 그림자가 될 영역을 만들어 봅시다. [선
택 툴 ▶]을 클릭해 색을 채운 얼굴 오브젝트를 선택한 후 [나이프 툴 🔪]로 클릭해 그림자가
생기는 영역과 눈동자 영역을 드래그해 나눕니다.

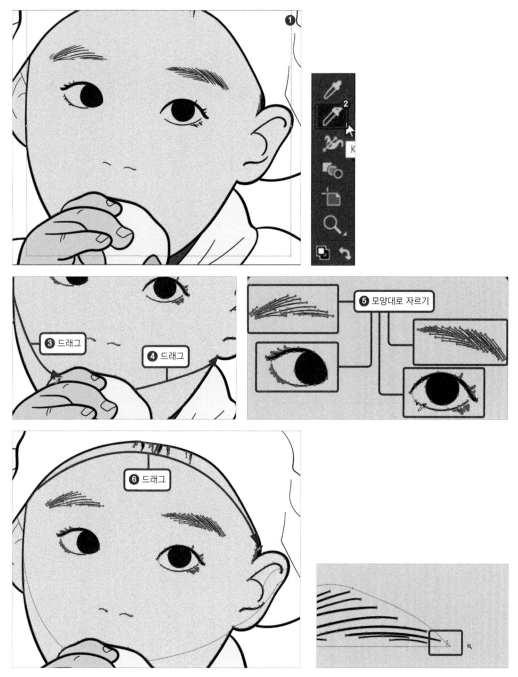

④ [나이프 툴]은 숨어 있는 도구입니다. 자주 사용하는 도구는 [툴] 패널로 드래그 해서 꺼내 놓으면 편리합니다!

④ [나이프 툴]로 영역을 정확하게 나누지 않으면, 색을 바꿀 수 없습니다!

06 나눠진 영역을 선택하고 색 바꾸기

[직접 선택 툴 ▶]로 그림자에 해당하는 영역을 선택한 후 [Color] 패널을 열어 얼굴색보다 진한 색으로 변경합니다.

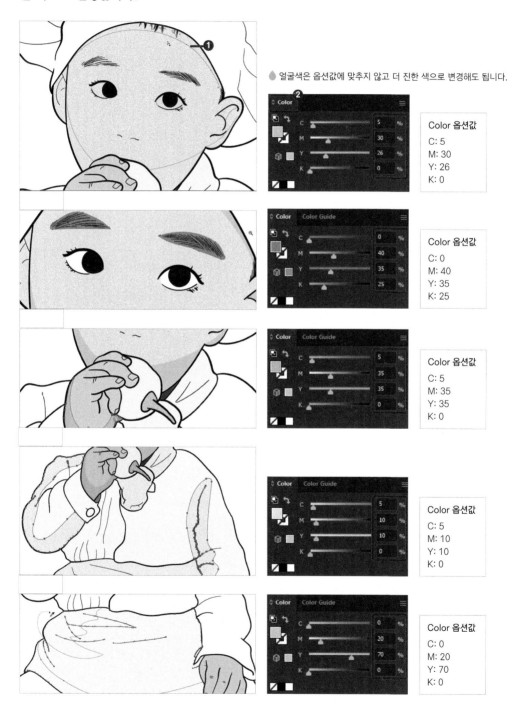

💧 얼굴색은 옵션값에 맞추지 않고 더 진한 색으로 변경해도 됩니다.

Color 옵션값
C: 5
M: 30
Y: 26
K: 0

Color 옵션값
C: 0
M: 40
Y: 35
K: 25

Color 옵션값
C: 5
M: 35
Y: 35
K: 0

Color 옵션값
C: 5
M: 10
Y: 10
K: 0

Color 옵션값
C: 0
M: 20
Y: 70
K: 0

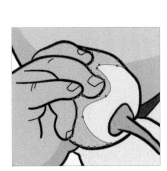

Color 옵션값

C: 0
M: 15
Y: 100
K: 0

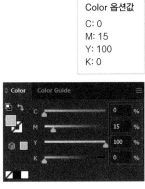

07 [물방울 브러시 툴]을 이용해 밝은 영역 만들기

눈동자와 콧망울에 밝은 영역을 영역을 만들어 입체감있게 표현해 보겠습니다. [툴] 패널에서 [브러시 툴 ✏️]을 길게 눌러 [물방울 브러시 툴 🖌️]을 클릭합니다. [속성] 패널의 [브러시] 패널에서 화살표를 클릭해 앞에서 만든 브러시를 선택하세요. [Color] 패널을 연 후 옵션값에 맞춰 선택하고 그리면 됩니다.

💧 [물방울 브러시 툴] 단축키: Shift + B

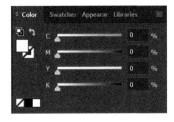

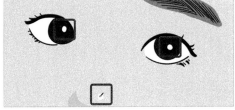

기능 사전

[물방울 브러시 툴]이란?

선으로 그리던 기존 브러시와 달리 선을 그으면 바로 도형 오브젝트로 그려지는 도구입니다. 선을 그리면 면으로 인식해 선의 두께를 바꿀 수 없다는 점에 유념하세요!

08 앞치마와 목 수건의 무늬 그리기

다음 그림과 같이 앞치마와 목 수건에 있는 물방울 패턴을 그립니다. [물방울 브러시 툴 🖌]을 선택한 채 동그랗게 흰색 작은 점을 만듭니다.

09 배경 만들기

인물만 있으니 허전하죠? 배경을 만들어 완성해 보겠습니다. [사각 툴 ▣]을 클릭한 후 Enter 를 눌러 옵션값을 입력하고 [OK]를 클릭해 아트보드에 맞게 배치합니다.

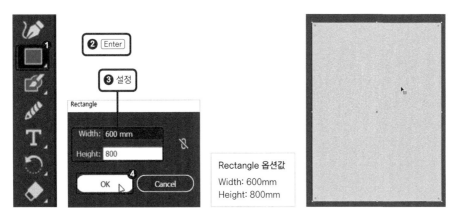

Rectangle 옵션값
Width: 600mm
Height: 800mm

10 배경 순서를 가장 아래로 배치하기

[선택 툴]로 배경 오브젝트를 선택한 채 마우스 오른쪽 버튼을 누르고 [Arrange → Send to Back]을 클릭해 가장 아래에 배치합니다. 그리고 [Color] 패널을 열고 옵션값에 맞춰 색깔을 바꿉니다.

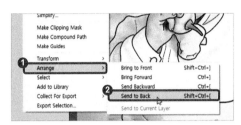

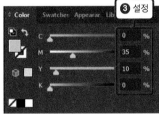

Color 옵션값

C: 0
M: 35
Y: 10
K: 0

11 배경 제자리 복사하기

[선택 툴]로 배경 오브젝트를 선택한 채 Ctrl + C, Ctrl + F를 눌러 제자리 복사를 합니다. 그리고 [Transform] 패널을 연 후 옵션값에 맞춰 변경합니다.

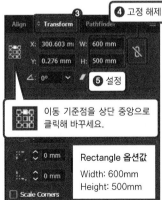

이동 기준점을 상단 중앙으로 클릭해 바꾸세요.

Rectangle 옵션값

Width: 600mm
Height: 500mm

12 [직접 선택 툴]로 모양 수정하고 색 바꾸기

[툴] 패널에서 [직접 선택 툴 ▶]을 선택한 후 오브젝트 오른쪽 하단의 점만 클릭한 채
[Transform] 패널을 열고 옵션값에 맞춰 변경합니다. [Color] 패널을 열고 옵션값을 입력해
색상을 바꿉니다.

Transform 옵션값
X: 600mm
Y: 300mm

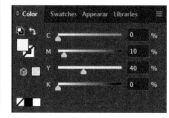

Color 옵션값
C: 0, M: 10
Y: 40, K: 0

13 문구를 작성해 완성하기

사랑하는 가족에게 전할 문구를 적을 차례입니다. [문자 툴 **T**]을 클릭한 후 문구를 작성하고 배치해 완성합니다.

13 지금까지 만든 캐리커처로 추억을 담아 선물로 만들어 보세요!

복습 | 10분 만에 만들어야 한다!

'7일_03_복습.ai'를 불러오거나 실제로 키우는 반려동물의 귀여운 사진을 불러와 태블릿으로 그려 보세요!

준비 파일 7일_03_복습.ai
완성 파일 7일_03_복습완성.ai

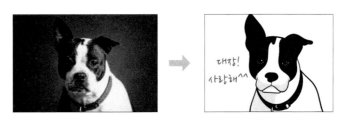

준비마당

첫째마당
디자인 편

둘째마당
드로잉 편

보너스
실무 디자인 꿀팁

보너스 실무 디자인 꿀팁

보너스

실무 디자인 꿀팁

하나

디자인에 필수!
글꼴 설치하기

글자를 사용해 일러스트레이터에서 작업하려면 먼저 글꼴을 설치해야 합니다. 설치하는 방법이 어렵지 않으니 아래 순서대로 천천히 따라오세요!

하면 된다!〉

내 컴퓨터에
글꼴 설치하기

01 윈도우 PC에 글꼴 설치하기

글꼴 파일을 인터넷에서 내려받아도 되지만, 실습을 위해서 예제 파일을 사용하겠습니다. 예제 파일의 [글꼴] 폴더에 글꼴 파일이 들어 있습니다. 글꼴 파일의 압축을 풉니다.

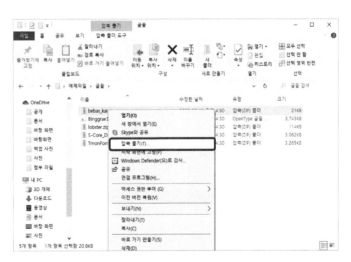

02 압축을 푼 폴더의 OTF 글꼴 파일을 [C드라이브 → Windows → Fonts] 폴더로 드래 그해 넣습니다.

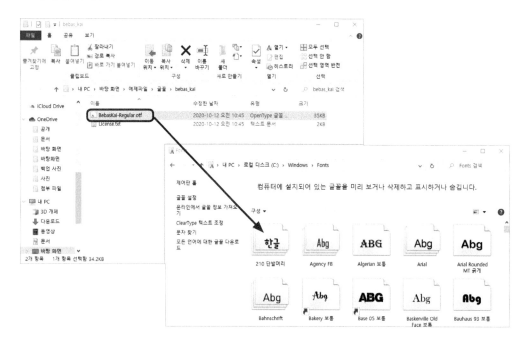

03 설치 팝업 창이 나타난 후 설치가 끝나면 일러스트레 이터에서 해당 글꼴을 사용할 수 있습니다. 다른 글꼴들도 같 은 방법으로 설치하세요.

04 맥 PC에 글꼴 설치하기

내려받은 글꼴 파일을 더블클릭해 압축을 풉니다. 만들어진 폴더를 더블클릭해 들어갑니다.

05 글꼴 파일을 더블클릭합니다. 설치 팝업 창이 나타나면 [서체 설치]를 누릅니다. 설치를 끝낸 후 일러스트레이터를 실행하면 글꼴이 자동으로 설치되어 있습니다. 다른 글꼴들도 같은 방법으로 설치하세요.

무료 글꼴 제공 사이트

무료 글꼴을 제공하는 사이트를 소개합니다. 100% 무료로 제공되는 글꼴도 있지만, 상업적인 용도와 비상업적인 용도로 나뉘는 글꼴도 있으므로 저작권법에 위반되지 않도록 글꼴을 내려받을 때 용도와 라이선스를 꼭 확인하세요!

Dafont(dafont.com)

Dafont는 무료 영문 글꼴을 내려받을 수 있는 사이트입니다. 글꼴 스타일에 따라 카테고리별로 분리돼 있습니다.

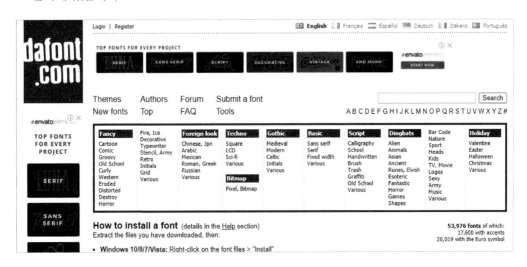

100% 무료 글꼴 찾기

Dafont 사이트에서 100% 무료인 글꼴을 찾아보겠습니다. 원하는 스타일의 카테고리를 클릭한 후 아래쪽에 있는 [More options]를 클릭합니다. 저작권 문제가 없는 [100% Free]에 체크 표시를 한 후 [Submit]를 눌러 원하는 글꼴을 찾습니다.

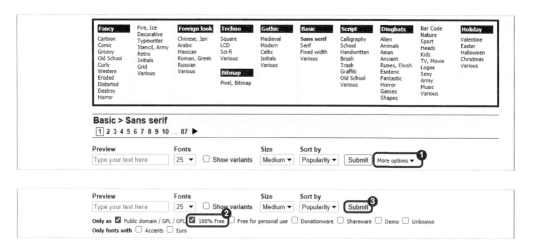

[100% Free]뿐 아니라 [Only as]에서 원하는 용도에 맞는 글꼴을 찾아 사용할 수 있습니다.

네이버 한글한글 아름답게 캠페인

네이버에서 무료로 제공하는 나눔 글꼴(hangeul.naver.com)을 내려받을 수 있습니다. 나눔 글꼴은 수정, 재배포가 가능해 많은 사람이 즐겨 사용하는 글꼴입니다. 스타일에 따라 나눔스 퀘어 나눔 바른펜, 나룸바른고딕, 나눔글꼴에코, 나눔손글씨, 나눔고딕, 나눔명조가 있습니다.

내려받을 글꼴을 선택한 후 TTF와 OTF 중에서
선택합니다. 윈도우용과 맥용으로 구분되므로 여
러분의 컴퓨터에 맞는 버전을 선택한 후 내려받
습니다.

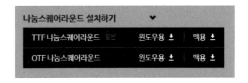

헤움

헤움(heumm.com) 디자인 사이트에서 무료 글꼴을 내려받을 수 있습니다. 단, 회원으로 가
입해야 하며 내려받은 글꼴은 개인적인 용도로만 사용할 수 있습니다.

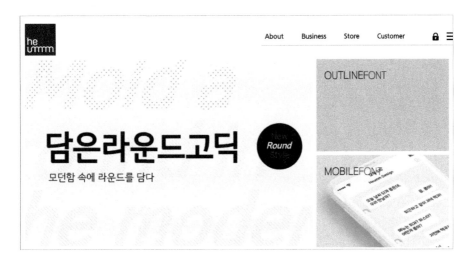

그 밖에 알아두면 좋은 글꼴

이 밖에도 글꼴과 관련된 여러 사이트가 있습니다. 각각의 글꼴을 구경하고 저작권법상 어디
까지 허용되는지 확인한 후 사용하세요!

서울특별시 서체
seoul.go.kr [서울 소개 → 서울의 상징 → 서체]

배달의 민족 글꼴
woowahan.com [메뉴 → 글꼴]

윤디자인 연구소
font.co.kr/yoonfont

미생체
webtoon.daum.net/event/misaengfont

기능 사전

TTF와 OTF 글꼴 차이 알아보기

글꼴을 설치할 때 윈도우용과 맥용을 구분해서 설치했지요? 윈도우용을 선택하면 TTF 글꼴이 설치되고 맥용을 설치하면 OTF 글꼴이 설치됩니다. 두 글꼴은 어떻게 다르고 어떤 경우에 사용할까요?

TTF 글꼴(True Type Font)은 애플(Apple)에서 만든 가장 일반적인 글꼴 저장 형식입니다. 처리 속도가 OTF 글꼴보다 빠르지만 자유롭고 섬세한 곡선을 표현하기는 어렵습니다. 워드나 문서 작업 전용으로 사용하는 것을 권장하지만, 웹용 이미지나 저해상도 웹 작업용으로도 사용할 수 있습니다.

OTF 글꼴(Open Type Font)은 마이크로소프트(Microsoft)와 어도비(Adobe)에서 공동으로 만든 글꼴 저장 형식입니다. TTF 글꼴보다 실행 속도는 느리지만 섬세한 작업이 가능하고 모든 운영체제에서 사용할 수 있습니다. 고해상도 출력물이나 그래픽 디자인 출력에 적합하므로 일러스트레이터, 인디자인 등에서 사용하기를 권장합니다. 한편 모니터의 해상도가 너무 낮거나 크기가 작은 글자를 사용하면 어그러져 보일 수도 있습니다.

TTF와 OTF 글꼴은 언뜻 봐서는 구분하기 힘들 정도로 비슷합니다. 따라서 고해상도로 출력하지 않는 이상, 일반적인 웹사이트용이나 이미지 작업용으로는 어느 것을 사용해도 문제가 없습니다.

둘
_____

어도비 스톡에 내가 그린
캐릭터 판매하기

열심히 디자인, 드로잉해 만든 캐릭터를 폴더 안에 저장만 해 두고 사용할 곳이 없으시다고
요? 어도비 계정만 있으시다면 언제 어디서든 올려 수익을 낼 수 있답니다! 직접 창작한 작업
물을 어도비 스톡에 정식으로 등록하는 방법을 알려드릴게요!

하면 된다!⟩

어도비 스톡에
캐릭터 판매하기

01 작업 파일 저장해서 준비하기

열심히 작업한 파일을 .ai 또는 .eps로 저장합니다. 그리고 어
도비 스톡을 포털사이트에 검색해서 접속하고 로그인을 합니
다. 그리고 상단 메뉴에서 [판매]를 눌러 주세요.

02 파일 업로드하기

상단 메뉴에서 [업로드] 버튼을 누르고 웹사이트 중앙에 있는 [찾아보기]를 클릭합니다. 팝업 창이 나타나면 파일을 찾아서 업로드합니다.

03 업로드 세부 설정하기

파일을 업로드하고 파일 유형 및 카테고리를 확인하고, 제목을 입력합니다. 인지 가능한 인물에 관한 내용을 확인합니다. 키워드는 자동으로 생성되는데, 잘못된 키워드는 직접 수정하세요. 작업을 마쳤다면 [작업 저장]을 클릭합니다.

04 검토 중인 파일 결과 확인

업로드된 파일에 대한 검토가 2~3일 뒤 결과가 메일로 옵니다. 수락된 파일을 어도비 스톡에서 확인합니다.

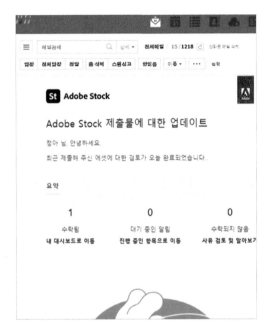

05 업로드된 파일 수정

업로드된 파일의 제목 또는 키워드를 수정할 수 있습니다. 업로드 페이지에서 상단 카테고리에서 대시보드를 클릭하고 업로드된 파일의 미리보기 이미지를 클릭합니다. 스크롤을 내리면 파일의 상세 설정 부분이 활성화되어서 수정할 수 있습니다.

파일 번호 372513854

치수　　　　형식　　　업로드 날짜
935 x 1077　　AI　　　2020년 8월 20일

제목	rabbit surfing
카테고리	동물
언어	한국
키워드 (23)	토끼, 삽화, 만화, animal, 캐릭터, 귀여운, 파도, 여름, 서핑, 동물캐릭터, 성탄, 미술, baby, 도안, 해피, 그리기, 딱지, 기호, 구름, 문자, 익살, 아이콘, 요약

저장　　취소

•••• 기능 사전

어도비 스톡에 판매할 때 주의해야 할 점

- 어도비 스톡에서는 저작권에 문제 되지 않는 순수 창작물만 판매할 수 있습니다.
- 수익의 지급 요청을 하려면 최소 US$25의 수입이 발생해야 합니다. 또한 보류 중인 다른 지급 항목이 없어야 하며, 최초 판매 후 45일이 지나야 합니다.
- 수익의 지급 방법은 Paypal, Skrill 과 같은 국제 금융 서비스를 이용해야 하므로 자세한 사항은 어도비 스톡 Q&A를 통해 직접 확인하세요.

셋

디자인 참고용
추천 사이트

좋은 디자인을 볼수록 안목이 생겨요!

디자인을 더 잘하기 위해서는 다른 사람의 작품을 보고 배우는 것이 좋습니다. 또한 원하는 디자인 소스 및 디자인 피드백을 받아 작품의 품질을 높이는 것도 좋은 방법입니다. 여기에서 추천하는 디자인 관련 사이트를 방문해 다양한 정보를 얻어 보세요!

비핸스(behance.net)

예술 디자인 분야의 전 세계 아티스트가 자신의 작품을 올릴 수 있는 사이트입니다. 관심 있는 분야를 선택해 볼 수 있고, 회원으로 가입하면 누구나 작품을 올릴 수도 있습니다.

그라폴리오(grafolio.com)

비핸스와 마찬가지로 누구나 자신의 작품을 올릴 수 있는 사이트입니다. 작가들이 그림도 연재하고 다양한 공모전(챌린지)에 참여할 수도 있습니다.

핀터레스트(pinterest.com)

원하는 사진 및 이미지를 사이트에서 핀(Pin it)할 수 있습니다. 휴대전화 어플로 내려받으면 이동 중에도 쉽게 볼 수 있습니다. 또한 다른 사람이 스크랩한 이미지도 볼 수 있죠. 핀터레스트에서 원하는 키워드를 검색한 후 이미지를 저장해 보세요!

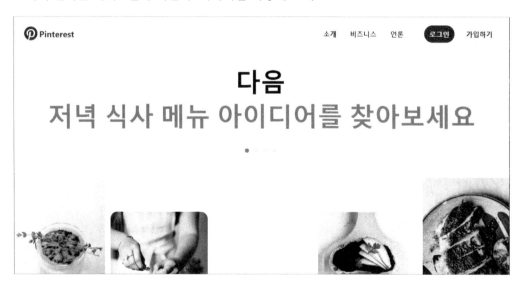

미스터 컵(mr-cup.com/blog)

그래픽 분야에서 영감을 받을 수 있는 사이트입니다. 미스터 컵(Mr Cup)에서 선정한 디자인들을 한눈에 볼 수 있습니다.

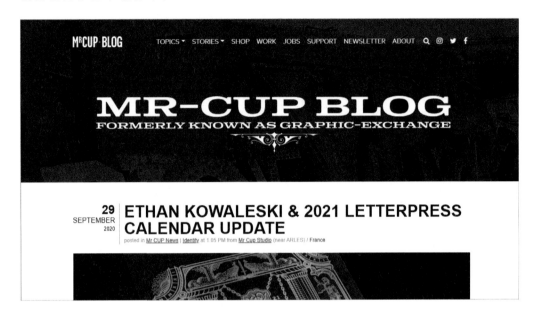

다이라인(Thedieline.com)

다이라인(The Dieline)에서 선정한 전 세계의 패키지 디자인을 볼 수 있는 사이트입니다. 패키지와 브랜딩을 참고하기 좋습니다.

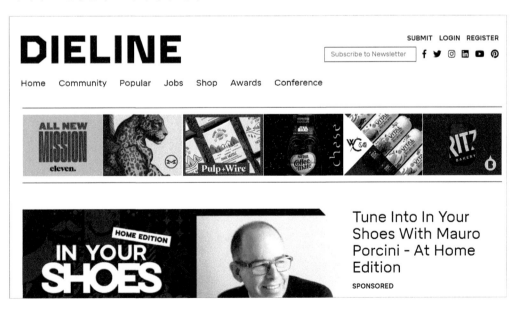

알아두면 좋은 디자인 소스 사이트

일러스트레이터 소스를 만들 때 자신이 가진 자료만으로는 한계가 있습니다. 이럴 때 무료로 사용할 수 있는 이미지와 파일을 받아 합성하거나 편집하면 훨씬 쉽게 디자인할 수 있습니다. 또한 이 작업 과정에서 영감을 받아 더 좋은 디자인이 탄생할 수도 있죠. 이렇게 더 좋은 디자인을 만들 수 있게 도와주는 사이트를 알아 두고 다른 사람과도 공유해 보세요!

어도비 컬러(color.adobe.com)

잘 고른 색상이 디자인을 결정짓기도 합니다. 이처럼 색상은 디자인에서 빠질 수 없는 중요한 요소죠. 만약 색감에 자신이 없다면 어도비에서 제공하는 어도비 컬러(Adobe Color)를 이용해 보세요. 어울리는 색상 조합을 찾고 자신의 색상을 만들 수도 있어요.

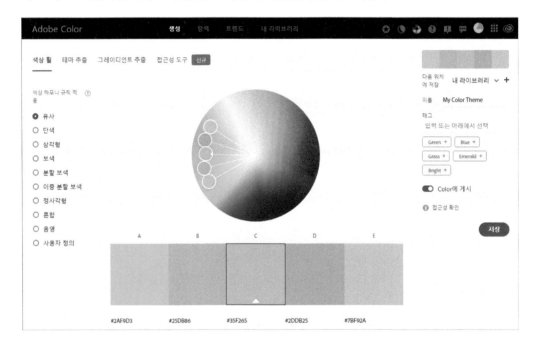

픽사베이(pixabay.com)

원하는 이미지를 모두 가진 사람은 없으므로 이미지 공유 사이트를 알아 두는 것이 좋습니다. 픽사베이(Pixabay)에서는 고해상도의 무료 이미지를 회원 가입 없이 내려받을 수 있을 뿐 아니라 저작권에 구애받지 않고 자유롭게 사용할 수도 있습니다. 원하는 이미지의 키워드를 검색해 찾아보세요.

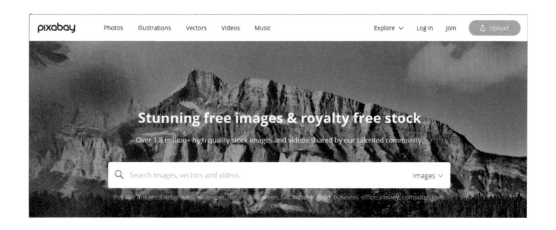

프리픽(freepik.com)

프리픽에서는 이미지 파일뿐 아니라 일러스트레이터(.ai)와 포토샵(.psd) 파일까지 무료로 제공합니다. 단, 저작권을 표시해야 사용할 수 있고 파일마다 사용 규정이 조금씩 다르니 반드시 확인한 후에 사용하세요.

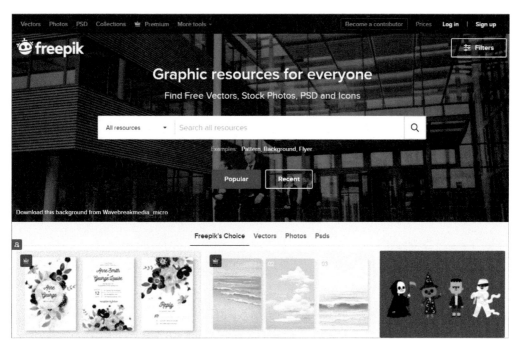

넷

실무 0순위
단축키 모음

일러스트레이터에는 다양한 기능만큼 많은 단축키가 있습니다. 실무에서 자주 쓰는 기능들만 단축키를 사용해도 작업 속도가 훨씬 빨라집니다. 다음 단축키를 손에 익혀 작업 시간을 아껴 보세요!

파일 관련

★ 새 파일 만들기	Ctrl + N
★ 파일 불러오기	Ctrl + O
브릿지로 불러오기	Ctrl + Alt + O
★ 파일 닫기	Ctrl + W
★ 파일 저장하기	Ctrl + S
★ 다른 이름으로 저장하기	Ctrl + Shift + S
웹용 파일로 저장하기	Ctrl + Shift + Alt + S
문서 설정하기	Ctrl + Alt + P
파일 정보 보기	Ctrl + Shift + Alt + I
★ 프린트하기	Ctrl + P
일러스트레이터 종료하기	Ctrl + Q

편집 관련

★ 실행 취소	Ctrl + Z
★ 실행 취소 되돌리기	Ctrl + Shift + Z
★ 복사하기	Ctrl + C
★ 잘라내기	Ctrl + X
★ 붙여넣기	Ctrl + V
제자리에 붙이기	Ctrl + Shift + V
모든 아트보드에 붙여넣기	Ctrl + Shift + Alt + V
복사한 오브젝트 앞에 붙이기	Ctrl + F
복사한 오브젝트 뒤에 붙이기	Ctrl + B
맞춤법 검사하기	Ctrl + I

작업 환경 설정 관련

화면 모드 바꾸기	F
패널 숨기기/꺼내기	Tab
기능 패널 숨기기/꺼내기	Shift + Tab
환경 설정	Ctrl + K
단축키 설정하기	Ctrl + Shift + Alt + K
새 레이어 만들기	Ctrl + L

오브젝트 관련

★ 명령 반복하기	Ctrl + D
이동 툴	Ctrl + Shift + M
맨 뒤로 보내기	Ctrl + Shift + [
맨 앞으로 보내기	Ctrl + Shift +]
한 단계 뒤로 보내기	Ctrl + [
한 단계 앞으로 보내기	Ctrl +]
★ 그룹 만들기	Ctrl + G
★ 그룹 해제하기	Ctrl + Shift + G
★ 오브젝트 잠그기	Ctrl + 2

★ 오브젝트 풀기	Ctrl + Alt + 2
오브젝트 숨기기	Ctrl + 3
숨긴 오브젝트 나타내기	Ctrl + Alt + 3
닫힌 패스로 만들기	Ctrl + J
Distort with Warp	Ctrl + Shift + Alt + W
블렌드(Blend) 만들기	Ctrl + Alt + B
블렌드 없애기	Ctrl + Shift + Alt + B
클리핑 마스크(Clipping Mask) 만들기	Ctrl + 7
클리핑 마스크 해제	Ctrl + Alt + 7
컴파운드 패스(Compound Path) 만들기	Ctrl + 8
컴파운드 패스 해제	Ctrl + Shift + Alt + 8

문자 메뉴 관련

★ 아웃라인 만들기	Ctrl + Shift + O
글자 크기 키우기	Ctrl + Shift + >
글자 크기 줄이기	Ctrl + Shift + <
왼쪽 정렬	Ctrl + Shift + L
오른쪽 정렬	Ctrl + Shift + R
가운데 정렬	Ctrl + Shift + C

선택 메뉴 관련

★ 전체 선택	Ctrl + A
선택된 아트보트의 오브젝트만 전체 선택	Ctrl + Alt + A
전체 선택 해제	Ctrl + Shift + A

보기 메뉴 관련

★ 아웃라인 보기/숨기기	Ctrl + Y
픽셀로 보기	Ctrl + Alt + Y
확대하기/축소하기	Ctrl + + / Ctrl + −
★ 윈도우 크기에 맞게 보기	Ctrl + 0

아트보드 모두 보기	`Ctrl` + `Alt` + `0`
★ 실제 크기로 보기	`Ctrl` + `1`
패스 보기/숨기기	`Ctrl` + `H`
바운딩 박스(Bounding Box) 보기/숨기기	`Ctrl` + `Shift` + `B`
투명 그리드 보기	`Ctrl` + `Shift` + `D`
그레이디언트 막대 바 보기/숨기기	`Ctrl` + `Alt` + `G`
★ 눈금자 보기/숨기기	`Ctrl` + `R`
★ 가이드(Guides) 보기/숨기기	`Ctrl` + `;`
가이드 잠그기/풀기	`Ctrl` + `Alt` + `;`
스마트 가이드(Smart Guides)	`Ctrl` + `U`
그리드(Grid) 보기/숨기기	`Ctrl` + `"`

찾아보기

된다!
김메주의 유튜브 채널&영상 만들기

10만 조회수를 만드는 영상&쇼츠의 비밀!
초보자도 하루 안에 유튜버 된다!

김혜주 지음 | 380쪽 | 19,000원

된다!
7일 베가스 프로 영상 편집

유튜브 자막부터 1분 '쇼츠' 영상까지!
29가지 영상 편집 기법 대공개!!

김나옹 지음 | 416쪽 | 25,000원

나만의 캐릭터 만들기부터 **일러스트 드로잉**까지!
초등학생부터 대학생, 직장인까지 모두 도전해 보세요

된다!
귀염뽀짝 이모티콘 만들기

나는 내가 만든 이모티콘으로 카톡한다!
카톡, 라인, 네이버에 승인받는 영업 비밀 공개!

정지혜 지음 | 328쪽 | 15,000원

아이패드 드로잉 & 페인팅
with 프로크리에이트

디즈니, 블리자드, 넷플릭스에서 활약하는
프로 작가 8명의 기법을 모두 담았다!

3dtotal Publishing 지음 | 김혜연 옮김 | 216쪽 | 20,000원